KB273922

자녀의 공부지수를 올리는

엄마의 말버릇 수업

박자숙 지음

엄마의 말버릇 수업

펴 냄 2010년 11월 20일 1판 1쇄 박음 | 2011년 12월 20일 1판 2쇄 펴냄

지은이 박자숙

펴낸이 김철종

펴낸곳 (주)한언

　　　　등록번호 제1－128호 | 등록일자 1983. 9. 30

주 소 서울시 마포구 신수동 63－14 구 프라자 6층(우 121－854)

　　　　전화. 02)701－6616(대) | 팩스. 02)701－4449

책임편집 배상현

디자인 정현영, 양미정, 백은미, 하현지, 김문정

일러스트 백은미

홈페이지 www.haneon.com

이메일 haneon@haneon.com

· 이 책의 무단전재 및 복제를 금합니다.

· 잘못 만들어진 책은 구입하신 서점에서 바꾸어 드립니다.

ISBN 978-89-5596-598-8   13370

말 한 마디의 힘

어린 시절, 나는 심한 병에 걸려 병원을 찾았다.

"착하고 예쁘게 생겼는데 어쩌다 이런 병에 걸렸누. 쯧쯧!"

의사 선생님은 어쩌면 내가 성치 못한 몸으로 평생을 살아야 할지도 모른다고 설명했다. 나는 큰 소리로 울기 시작했다. 하지만 엄마는 슬퍼하지도 당황하지도 않았다.

"우리 딸 울지 마. 무슨 일이 있어도 엄마가 널 낫게 할 거야. 우리나라에서 안 되면 집을 팔아서라도 미국으로 가자꾸나. 그러니 걱정하지 말고 우선 치료를 받아보자."

그 후 뒷얘기는 비교적 간단하다. 내게서 불안과 두려움은 사라졌고 미국까지 갈 필요도 없이 완쾌되었으니까. 내가 힘든 치료 과정을 잘 견뎌냈던 것은 엄마의 말 한마디 때문이었다는 것을 확신한다. 그 후로도 엄마는 인생의 고비마다 힘이 되는 말로 나의 미래를 밝혀주었다. 엄마는 우리에게 "안 된다", "못 한다"라는 말을 꺼내지 못하게 했다. 그리고 "할 수 있다", "하면 된다"를 몸소 실천으로 보여주셨다. 그래서 내게 엄마란 언제나 '완전한 존재'로 인식되었다.

별다른 준비와 고민 없이 난 아이를 낳고 엄마가 되었다. 엄마가 되면 누구나 완전한 존재가 되는 줄로 알았다. 세상과 싸우며 많이 다듬어졌다는 믿음도 있었기 때문에 그저 내가 가진 모든 것을 주기만 하면 아이는 기대하는 대로 잘 자라주리라 생각했다.

그러나 웬걸! 마음대로 되지 않았다. 하기야 서른 몇 해를 살아온 내가 완벽하면 얼마나 완벽했을까. 그때까지도 나만의 기준을 고집했고, 아집과 편견도 철옹성처럼 견고했다. 게다가 내 아이가 초등학생일 때는 나도 직장에서 자리를 굳혀야 하는 가장 힘들고 외로운 시기를 보내고 있었다. 아이를 대하는 나의 말과 행동에서는 부주의와 무책임이 고스란히 드러나고 있었다. 나는 나 스스로에게 물었다.

'내 엄마는 나를 어떻게 키웠는가? 엄마가 내 삶에 어떤 영향을 끼쳤는가?'

'지금 나는 어떤 엄마인가? 내 아이에게 진정으로 필요한 것이 무엇이라고 생각하는가?'

'앞으로 나는 어떤 엄마가 되려 하는가? 내 아이를 어떤 사람으로 키우려 하는가?'

이 세 가지 질문에 대한 답을 적어보면서 '내가 참 대책 없는 엄마구나'라는 사실에 놀랐다. 그 사실을 깨닫는 순간, 나는 일과 인생에서 터닝 포인트를 맞게 되었다. 이때부터 '잘 들어주고, 많이 칭찬하고, 자주 함께 하는 시간을 갖는다'라는 신념을 생활화하기로 마음먹었다.

맨 처음 한 일은 하루 일과를 녹음해보는 것이었다. 그 속엔 들어주고 칭찬하는 엄마는 없고 '이거 해라, 저거 해라'고 지시하는 '손가락질 엄마'만 있었다. 칭찬에도 인색했다. 동기부여도 없었다. 개선해야할 점이 생겼으니 바로 실천에 들어가야 했다.

아이와 온종일 함께 있는 날이면 아침 일찍 호주머니에 성냥개비 열 개를 넣었다. 그리고 아이에게 칭찬의 말을 했거나 유심히 들어주었을 때, 호주머니에서 성냥개비를 하나씩 꺼내 제 자리에 가져다 놓았다. 나중에는 꾀가 생겨 땅콩으로 바꾸었다. 한 번씩 실천할 때마다 땅콩을 꺼내먹었다. 고소한 맛만큼이나 기분도 즐거웠다. 땅콩이 남아 있는 날엔 일부러 칭찬거리를 찾아냈고 어느 날엔 잠자고 있는 아이를 깨워 칭찬한 적도 있었다.

잘 들어주고 칭찬한다는 것은 늘 긍정적인 말을 건네야 하고 긍정적인 사람이 되어야 한다는 것과 같다. 따라서 엄마 자신의 인생이 즐거워지는 일이다. 나는 내가 완벽하지 않다는 걸 아이에게 숨기지 않았고, 아이가 완벽하기를 기대하지 않았다.

실수를 했을 때 우리는 흔히 이런 말을 한다.

"처음이니까 그럴 수도 있지. 다음에 잘 하면 되지 뭐!"

참으로 위안이 되는 말이다. 그러나 '아이 키우기'에 있어서는 이 말이 통하지 않는다. 자녀교육에 "이다음에"라는 말은 있을 수 없다. 자녀교육에는 연습도 없다. 첫 아이를 키워 자신이 붙었다 싶겠지만 둘째 아이는 또 다른 존재다. 아이들은 제각기 다르게 생각하고 다르게 행동하기 때문이다. 그러나 엄마의 금쪽같은 한마디만 있다면 아이 키우기는 훨씬 쉬워질 것이다.

이 책은 무척이나 단순한 한 가지 원칙에 기초하고 있다. 엄마의 말은 아이들의 마음에 그대로 스며든다는 원칙이다. 확신하건대 엄마의 사랑이 듬뿍 담긴 금쪽같은 한마디로 아이와 엄마의 관계는 달라질 것이다. 많은 엄마들이 이 책을 통해 '한마디 말'의 중요성을 깨닫고 매일매일 축복을 주는 금쪽같은 말을 실천했으면 하는 바람이다.

원고를 쓰는 동안 친정 엄마 생각을 참 많이 했다. 자식의 일이라면 부끄러움도 없이, 주책이다 싶을 정도로 열성이셨던 나의 엄마가 존경스럽다. 이 책의 절반은 내 엄마의 가르침이다. 엄마에게 감사드린다. 아이디어를 제공해주었던 초등학교 2학년인 나의 조카들, "정우야, 우재야 고마워!" 마지막으로 멋진 초등학교 교사가 되기 위해 대학에서 열심히 공부하고 있는 아들에게 사랑을 전하며 이 말을 들려주고 싶다. "앞날을 두려워하지 마. 네가 진정으로 하고 싶은 일을 하면 모든 것이 제 자리를 찾을 거야!"

저자 박자숙

CONTENTS

3부 대화가 풍부해지는 '아이와 함께 시간 보내기'

아이의 꿈을 찾아주는 함께하기

아이의 재능을 키워주는 함께하기

우리 아이를
빛나게 하는 금쪽같은
엄마의 한마디 말

안데르센을 있게 한 엄마의 한마디

"너도 언젠가는 환하고 예쁜 꽃을 피울 수 있을 거야."

세상의 어린이들에게 꿈과 희망을 심어준 동화작가 안데르센은 어린 시절부터 글쓰기를 좋아했다. 열한 살이 되던 해, 나름대로 공들여 쓴 희곡을 들고 이 사람 저 사람 찾아다니며 보여주었다. 그런데 사람들의 반응이 시큰둥했다. 특히 이웃집 아주머니는 바빠 죽겠는데 이런 엉터리 같은 글을 읽으라고 하냐며 면박을 주었다. 누구 하나 칭찬해주지 않자 실망한 안데르센은 끝내 울음을 터뜨리고 말았다. 울고 있는 아들을 본 엄마는 안데르센의 고사리 같은 손을 잡고 꽃밭으로 데려갔다. 엄마는 훌쩍이는 아들의 어깨를 토닥이며 부드러운 목소리로 말했다.

"애야, 여기 꽃이 참 예쁘게도 피었구나. 이제 막 흙 속에서 얼굴을 내민 어린 잎사귀도 있네! 잘 봐, 이 잎사귀는 자라려면 아직 멀었단다. 하지만 언젠가는 자라서 꼭 예쁜 꽃을 피울 거야. 넌 아직 이 어린 잎사귀와 같아. 그러니 언젠가는 환하고 예쁜 꽃을 피울 수 있을 거야. 자, 이제부터 힘을 내자꾸나."

엄마는 상처 입은 안데르센의 마음을 어루만져주고 사랑으로 격려했다.

안데르센은 절망에 빠져 울고 싶을 때마다 엄마의 말을 기억했다. 훗날 유명한 동화작가가 되어서도 그때를 생각하며 감사 드렸다.

안데르센의 엄마는 글을 읽을 줄 몰랐지만 아들에게 이야기를 자주 들려주었다. 배가 고파 구걸을 하고, 아무것도 먹지 못한 채 다리 밑에 쓰러져 운 적이 한두 번이 아니었던 자신의 어린 시절 이야기였다. 하지만 절망이 아닌 희망으로 승화시켜 이야기해주었다. 안데르센은 어머니의 어린 시절 이야기를 가슴속에 간직해두었다가 《성냥팔이 소녀》라는 동화로 아름답게 표현했다. 엄마가 들려준 이야기들이 안데르센에게 창의력과 상상력의 원천이 된 것이다.

매일매일이 작은 실수와 실패의 연속인 아이들은 조그만 변화에도 쉽게 불안해하고 자신감을 잃는다. 어른이라면 그동안의 경험으로 충분히 극복할 일이지만 아이에게는 버거울 수밖에 없다. 그럴 때 엄마가 "나도 너만 할 때는 실수를 많이 했어"라고 한마디 건네면 금세 아이의 얼굴에서 생기가 돈다.

"정말? 엄마도 그랬다고?"

반문하는 아이의 표정은 밝아질 것이다. 그리고 더 이상 그 일 때문에 끙끙거리거나 고민하지 않을 것이다. 아이들은 우리가 생각하는 것 이상으로 어른의 작은 실수에 쉽게 흔들린다. 이럴 때, 엄마의 따뜻한 말 한마디가 없다면 아이는 실패를 마음에 담아둘 수도 있다. 그리고 또 다른 문제가 발생했을 때 좌절에서 헤어나지 못한 채 어른이 되고 말지도 모른다. 말 한마디로 아이의 마음을 밝게 해주는 것, 이것이 엄마의 금쪽같은 한마디의 힘이다.

엄마는 아이에게 축복을 전달하는 사람이어야 한다. 아무리 어린 아이한 테라도 신중하게, 아이가 건강하게 성장할 수 있는 언어를 사용해야 한다.

꽃을 피우는 시기만 다를 뿐, 꼭 아름다운 꽃이 필 것이라고 믿었던 안데르 센의 엄마처럼 마음속 깊이 보석처럼 간직할 수 있는 한마디를 아끼지 말자.

가끔씩 주는 커다란 선물은 순간의 기쁨일 뿐 영원히 지속되지 못한다. 아이에게 가장 큰 기쁨은 언제 어디서나 엄마가 아낌없이 주는 '말의 선물' 이다. 우리 아이들이 꿈을 향해 마음껏 꽃을 피우고 미래를 향하여 날아갈 수 있도록 '금쪽같은 한마디 말'을 선물하자.

미셸 오바마를 있게 한 엄마의 한마디

아이가 학교에서 돌아오면 엄마들이 제일 먼저 꺼내는 말.

"왔니? 공부는 잘 했어? 선생님이 묻는 말에 대답은 잘했고?"

그러나 교육열이 높기로 소문난 유대인의 엄마들은 우리와 다르다.

"오늘은 선생님께 무슨 질문을 했니?"

호기심과 창의성을 키워주는 유대인 엄마들과는 달리 우리나라 엄마들은 당장 눈앞의 결과만을 요구할 때가 많다. 그런 엄마들의 머릿속에는 온통 '무엇을 고쳐주어야 하나?', '애가 왜 이걸 못 하는 거지?'라는 생각이 가득하다. 따라서 지시와 강요로만 아이들을 키우려고 한다. 하지만 정작 바뀌어야 하는 쪽은 엄마다. 아이를 성공으로 이끈 엄마들은 '아이를 어떻게 해야 하는가'가 아니라 '자신이 무엇을 해야 하는가'에 초점을 맞추었다.

변화와 희망을 열망하는 미국 국민들이 선택한 대통령 버락 오바마의 아내 미셸 오바마, 그녀는 대통령인 남편 못지않게 화제가 된 인물이다. 미셸은 단지 '최초의 흑인 대통령의 아내', '최초의 흑인 퍼스트레이디'로만 사람들의 입에 오르내리는 것이 아니다. 사람들을 깜짝 놀라게 하는 것은 바로 미셀의 지성과 언변 그리고 침착함이다. 미셀 오바마는 남편 옆에 인형처럼 서서 멋진 그림만 연출하는 데 그치지 않고, 자신의 역할을 톡톡히 해내며 영향력을 발휘하고 있다. 그녀는 대통령의 아내이기 이전에 미국 여성들의 고난과 역경을 이겨낸 롤모델로서 손색이 없다.

미셀은 가난한 집안에서 태어났지만 자식의 교육을 위해 어떤 어려움도 마다하지 않는 부모 밑에서 사랑을 듬뿍 받으며 자랐다. 부모님의 끊임없는 지지 속에서 역경을 뚫고 성실하게 노력하여 프린스턴과 하버드 로스쿨을 졸업했고 변호사가 되었다.

미셀의 엄마는 읽고 쓰는 것을 배우는 것보다 훨씬 더 중요한 것은 생각하고 질문하는 법을 아는 것이라고 생각했다. 하루는 엄마가 미셀에게 이렇게 말했다.

"미셀, 질문하기를 주저하지 마."

"누군가가 하는 말을 듣고만 있지 말고, 궁금하거든 왜냐고 물어!"

어린 시절, 미셀 가족은 침실 1개짜리 아파트에 세 들어 살았다. 부모님이 하나뿐인 침실을 쓰고, 거실은 목재 패널로 세 구역으로 구분해서 하나는 오빠 방, 또 하나는 미셀 방, 마지막 하나는 공부방으로 만들었다. 좁디좁은 집이었지만 부모님은 두 아이에게 자기만의 방이라고 부를 수 있는 공간을 제공했던 것이다. 그 좁은 집에서 공부방으로 지정한 공간까지 마련한 것을 보면 미셀의 부모님이 얼마나 교육을 중요하게 생각했는지 알 수 있다.

미셸과 오빠는 매일 밤 TV를 한 시간씩만 시청할 수 있었다. 미셸의 부모님이 쓸데없는 데 시간을 낭비하는 대신 아이들에게 독서, 체스, 스포츠 등 몸과 마음을 성장시킬 수 있는 활동을 하도록 권유했기 때문이다. 또 미셸의 가족은 매일 함께 저녁식사를 했다. 그들에게 저녁식사 시간은 하루를 마무리하는 시간인 동시에, 부모는 자녀와 생각을 맞추고 자녀는 부모와 이야기를 나누는 귀한 자리였다.

미셸은 지는 것을 죽도록 싫어했고, 성격이 불같은 데가 있었다. 초등학교 때 선생님이 미셸의 성격에 대해 한마디 하자 그녀의 엄마는 이렇게 말했다.

"맞아요. 우리 아이 성격이 보통은 아니죠. 그래도 우리는 딸아이를 그냥 이렇게 키우기로 했답니다."

엄마는 미셸의 불같은 성격을 결코 단점으로 보지 않고 오히려 장점으로 빛나도록 이끌었다.

"무엇을 할 수 없다고 말하지 마라. 무엇이 잘못될지 모른다고 미리 걱정하지도 마라"라고 독려하고 자신감을 심어주었다. 목표를 향해 끝까지 달려가는 미셸의 뚝심은 엄마의 말 한마디에서 나온 것이다.

미셸은 누군가에게 "아니, 넌 할 수 없어!"라고 들을 때마다 그 말들을 무시하고 과감히 제자리를 차지했다. 미셸은 자신을 위해서뿐만 아니라 부모님을 위해서 성공하고 싶었다고 했다. 그리고 성공을 거머쥐었다. 한 연설에서 그녀는 학교와 사회에서 성공할 수 있었던 것은 자신을 이해해주고, 재능을 확고하게 믿어준 부모님 덕분이라고 말하며 부모님에게 먼저 성공의 공을 돌렸다.

아이들은 사랑받고 있다는 것을 확인하고 싶어 한다. 자신의 마음을 알아주는 한마디를 원한다. 따라서 정감어린 손길, 따뜻한 음성, 부드러운 표정과 함께하는 금쪽같은 한마디가 필요하다.

1부에서는 상황에 따라 아이에게 들려줄 수 있는 금쪽같은 말들을 모아보았다. 어렵게 생각할 필요 없다. 특별히 머리를 쓸 필요도 없다. 늘 들어 익숙해진 말일지라도 아이에게는 위안이 되고 격려가 된다는 점을 잊지 말자. 아이와 함께 앉아 눈을 맞추고, 함께 듣고 보고 느끼는 것이 가장 중요하다. 이것이 엄마와 아이가 모두 행복해지는 길이다.

01

주도적인 아이로 키우는
엄마의 한마디

아침에 깨울 때 – 쭉쭉이 한번 할까?

"아직도 졸리니? 5분만 더 잘래?"

"어떻게 하면 잠이 깰까? 우리 민수 키 크라고 쭉쭉이 한번 해줄까?"

"아침이다. 일어나야지~."

"…."

"아직도 자니? 그러다 늦는다. 빨리 일어나."

"…."

"어서 일어나지 못해! 이제 다시는 안 깨워준다, 너."

"…."

"야! 이 녀석아, 일어나란 말 안 들려? 어쩌면 넌 만날 이 모양이니? 커서 뭐가 되려고 이래. 빨리 일어나! 철썩! 철썩!"

아이들이 있는 집이라면 어디서나 볼 수 있는 아침 풍경이다. 급한 마음에 엄마들은 이렇게 아무렇게나 아이들을 깨운다.

아이들은 늘 불안하다. 언제 어디서 무슨 사고를 칠지 모른다. 여기서 쿵, 저기서 쨍그랑. 한순간도 마음을 놓을 수가 없다. 새로 산 흰 티셔츠에 김치 국물을 쏟는 건 예사고 잠깐 방심하면 어디서 다쳤는지 무릎이 다 까져서 온다. 엄마들은 늘 마음을 졸이지만 아이니까 그럴 수 있다는 생각으로 무심코 넘긴다.

잘 넘어지거나, 엎지르거나, 깨뜨리는 아이들은 유아기나 유년기에 강압적으로 잠에서 깨어난 경험이 많은 아이라는 전문가의 견해가 있다. 그렇다면 엄마들은 긴장해야 한다. 주변에서 이런 아이들을 흔히 볼 수 있는 만큼 아이들을 잘못 깨우고 있는 엄마들도 많다는 이야기니까.

초등학교 저학년 정도의 아이가 있는 집의 아침은 전쟁터를 방불케 한다. '직장맘'의 경우에는 아침이면 더욱 마음이 급해진다. 아침에 기분이 나쁜 날은 하루 종일 일이 꼬인다. 아이가 미적대는 날은 지각할까봐 걱정돼 짜증과 잔소리는 배로 늘어나기 마련이다. 물론 아이에게도 상쾌한 아침이 될 수 없다. 이런 날이라면 학교 미술 시간에 행복한 가족을 그려보라고 해도 도깨비 가족을 그려버릴지도 모른다.

아침에 일어나는 것은 습관이다. 어릴 적 일어나는 습관은 중고생, 대학생, 사회인이 되어서도 그대로 유지된다. 아침마다 깨워줘야 하는 아이는 커서도 누군가 깨워주지 않으면 일어나지 못해 중요한 일을 그르칠 수 있다.

따라서 어려서부터 일어나는 시간을 정해 스스로 지키게 하는 것이 중요하다. 처음부터 혼자서 하는 것은 어려우므로 엄마의 도움이 필요하다.

먼저 몇 시에 일어날 것인지 아이와 함께 시간을 정한다. 제시간에 일어나기 위해서는 전날 밤 몇 시에 잠자리에 드는 게 좋을지 정하고 알람시계를 맞춘다.

"그 시간에 못 일어나면 엄마가 깨워줄게."

아침에 일어나지 못할 경우를 대비해 엄마가 정하는 규칙이다. 그리고 제시간에 아이가 일어나지 못한다면 도와준다. 이때 이불을 휙 걷어내거나 소리를 지르는 행동보다는 머리와 얼굴을 쓰다듬어주고 안아주면서 기분 좋게 잠에서 깨도록 해야 한다.

"많이 졸려서 일어나는 게 힘들어?"

"응."

"어떻게 하면 잠이 깰까? 키 크라고 쭉쭉이 한번 해줄까?"

"응."

쭉쭉이 하느라 다리를 잡아당겨주다 보면 아이들은 어느새 일어난다.

알람 시간 10분 전에 시각을 알려주는 방법도 있다.

"수영아~ 일어나기 10분 전이다~."

"수영아~ 이제 일어날 시간이야. 앞으론 깨우지 않을 거야."

도무지 일어나지 않으면 한 번쯤 그대로 두는 것이 좋다. 지각을 해서 선생님에게 혼이 나더라도 아이 몫이라고 생각하고 그냥 늦잠을 자게 두는 것이다. 아이들은 이런 경험을 통해 스스로 일어나는 습관을 확실히 들이게 된다.

아침에 일어나는 것을 유난히 힘들어 하는 아이들도 있다. 이런 아이에게는 준비 시간이 더욱 필요하다.

"아직도 졸린 것 같네. 5분만 더 자게 해줄까?"

5분 후 다시 아이의 이름을 부르며 깨우면 된다. 물론 아이도 호락호락하지 않다. 이 핑계, 저 핑계 대며 더 자려 할 것이다. 그렇다고 이때 소리를 지르며 윽박지르거나 감정이 섞인 말을 해서는 안 된다. 당연히 매를 드는 것도 안 된다.

상쾌한 아침을 시작하는 비결은 아침에 일어나는 습관에서 비롯된다. 아침마다 엄마의 잔소리나 꾸짖는 소리를 들으며 깨어난다면 아이의 하루를 망칠 수도 있다. 이렇게 망쳐버린 아이의 하루가 모여 1년이 되고, 10년이 된다면 끔찍하지 않은가?

아이가 다니는 학교 학급 게시판에 뿔난 엄마로 그려지기 싫다면 오늘부터라도 아이와 함께하는 아침을 바꿔보자.

학교에 갈 때 – 잔소리보다는 '잘 다녀와'

"잘 다녀와!"
"오늘은 꽤 춥다고 하는구나. 조심해서 다녀와."

"학교 다녀오겠습니다."
"숙제는 잘 챙겼어? 뭐 잊은 건 없어?"
"네."
"준비물은?"
"네, 다 챙겼어요."
"그래, 잘 다녀와. 선생님 말씀 잘 듣고."
"네."
"친구들하고 싸우지 말고."
"네."
"운동화 좀 바로 신어. 꺾어 신으면 어떻게 해?"
"지금 잘 신고 있잖아요."
"그리고 불량식품 같은 거 사 먹으면 안 돼!"
"알았어요."
"끝나면 곧장 집으로 오고. 알았지?"
"아, 알았다고요."

"차 조심해!"

"…."

아이가 학교에 가려고 집을 나설 때면 엄마들은 걱정부터 앞선다. 준비물은 제대로 챙겼는지, 뭐 잊어버린 건 없는지. 때로 걱정이 너무 지나쳐 쓸데없는 일까지 미리 걱정하기도 한다. 결국 아이는 머리부터 발끝까지 지적받는 것도 모자라 잔소리 10분을 더 들어야 겨우 학교에 갈 수 있다. 그러나 돌이켜보자. "친구들과 싸우면 안 된다", "선생님한테 혼날 짓 하면 안 된다", "끝나고 딴 데로 새면 안 된다"라는 잔소리 뒤에 돌아오는 아이의 대답이 무엇이었는지. 백이면 백, 짜증 섞인 '알았어요' 정도였을 것이다.

아이들이 엄마의 마음을 척척 알아듣고 재까닥 움직이면 정말 '따봉'이겠지만 불행히도 아이들은 엄마가 또 잔소리한다고 생각할 뿐이다.

숙제나 준비물은 스스로 확인하도록 해야 한다. 만약 실수로 제대로 챙기지 못했다면 아이 스스로 대처할 수 있도록 해야 한다. 그래야 자신의 실수를 깨닫고 다시는 그런 실수를 안 하려고 노력한다. 현명한 엄마의 역할은 무엇이든 완벽하게 다 해주는 것이 아니라, 아이가 스스로 알아서 할 수 있도록 보조해주는 것이다.

가끔 아이가 이유도 없이 짜증을 부린다고 호소하는 엄마들이 있다. 엄마가 조금만 길게 말해도 손사래를 치거나 아직 말이 다 끝나지 않았는데도 "알았어. 알았다니까"라며 잘라버린다는 것이다. 심지어 엄마 눈치를 살피며 슬슬 피하거나 학교가 끝나도 곧바로 집으로 오지 않고 친구들과 집 주변을 방황하며 시간을 보내기도 한단다. 엄마가 염려하는 일이 현실이 되어버린 것이다.

이런 경우라면 엄마 스스로 잔소리를 얼마나 하는지 체크해봐야 한다. 아이들에게도 듣기 싫은 엄마의 말이 있다. 이것이 반복되면 아이는 의식적으로나 무의식적으로 엄마를 피하게 된다. 상황에 걸맞지 않거나 장황하게, 또는 쓸데없는 잔소리를 피해야 하는 이유가 바로 여기에 있다. 이러한 상황이 반복되면 나중에는 정말 아이에게 도움이 되는 말을 해도 '아, 또 지긋지긋한 잔소리'라고 생각할 것이다. 아이 입장에서는 당연한 반응이다.

학교에 갈 때만이라도 쓸데없는 잔소리는 피하자. 대신 밝고 활기찬 모습으로 배웅하자.

"잘 다녀와!"

이 한마디면 족하다. 그러고도 영 아쉬워 한마디 더하고 싶다면 역시 간단하게 덧붙이도록 한다.

"오늘은 꽤 춥다고 하는구나. 조심해서 다녀와."

"오늘은 참 날씨가 좋구나. 잘 다녀와!"

아이가 집에 돌아왔을 때 –
리액션은 TV 예능 프로에서만 중요한 게 아니에요

"잘 다녀왔어?"
"피곤해 보이는데, 괜찮아?"
"무슨 좋은 일이라도 있었니?"

엄마들은 대부분 학교가 끝나고 들어서는 아이들의 표정을 보고 그날 아이의 하루를 읽는다. 들뜬 표정으로 들어오면, 아이는 분명 썩 괜찮은 하루를 보낸 것이다. 하지만 축 늘어진 어깨에 시무룩한 표정으로 들어오는 아이를 맞이할 때면 덜컥 겁이 난다.

'선생님에게 혼났나?', '친구랑 싸우기라도 한 걸까?'

별의별 생각에 엄마의 머릿속은 복잡하다. 걱정스런 마음에 아이에게 꼬치꼬치 캐묻기 시작한다.

"조금 늦었네. 어디 갔었어?"

"아무 데도 안 갔어요."

"얼굴 표정이 왜 그래… 무슨 일 있었어?"

"아무 일도 없었어요."

"아무 일도 없기는? 친구하고 싸웠니?"

"아니요."

"그럼, 시험 성적이라도 나온 거야? 얼른 내놔봐."

"그런 거 아니에요."

"근데 왜 그래? 무슨 일이 있었는데? 말 안 하면 엄마가 모르잖아."

"아무 일도 없다니까요!"

"무슨 일이 있긴 있나보네. 근데 왜 화를 내고 난리야. 버릇없이."

아이는 엄마의 걱정대로 나쁜 일이 있어 우울할 수도 있고, 정말 말하고 싶지 않을 정도로 지쳐 있는지도 모른다. 또 아무런 이유 없이 시무룩할 수도 있다. 이럴 때 "무슨 일이 있었냐?"라고 자꾸 다그치는 것은 좋지 않다. 계속 다그치면 "아무 일도 없다니까요!"라고 화를 내게 돼 서로 기분만 상할 것이 뻔하기 때문이다.

마음도 몸과 마찬가지다. 상처가 났을 때 왜 다쳤는지는 나중 일이다. 우선 아물 시간이 필요하다. 이럴 땐 그냥 지켜보는 것이 좋다. 혹시 친구들 사이에서 무슨 나쁜 일이 있었더라도 잠시 쉬면서 아이 스스로 마음을 가다듬을 시간을 주자. 마음이 안정되면 아이가 먼저 엄마에게 말을 걸어올 것이다.

"엄마. 속상해요. 무슨 일이냐면요…."

"어떡해. 많이 힘들었겠구나. 고생했다. 이제 괜찮지?"

이때 머리를 쓰다듬어주거나 등을 토닥이며 격려해준다면 아이는 더욱 힘이 날 것이다.

또 아이가 기분이 좋아 보이면 '쟤가 웬일이지?'라고 무심히 넘기지 말고 반드시 관심을 가져주어야 한다. 리액션은 TV 예능 프로에서만 필요한 것이 아니다. 엄마의 재치 있는 리액션이 아이의 마음을 살린다. 우선 아이 스스로 이야기할 수 있도록 유도해보자.

"우리 딸, 기분 좋아 보이네. 무슨 일일까?"

시작은 자연스럽게, 그리고 아이의 이야기가 진행되면 노래에 추임새를 넣는다는 생각으로 보조를 맞추어보자. 아이는 어느새 그날 일어난 일과 자신이 느낀 감정 등을 술술 이야기할 것이다.

다만 여기서 한 가지 팁.

"왜 이제 와?", "너 또 무슨 사고 쳤니?" 등과 같은 부정적인 의미가 내포된 말은 결국 부정적인 대답으로 돌아오고 만다. 아이와 이야기할 때는 거울을 본다는 생각으로 임하자. 찡그린 표정을 웃는 얼굴로 비추는 거울이 없듯 부정적인 말에 긍정적으로 반응할 사람은 없지 않겠는가.

학원에 갈 때, 돌아올 때 – 시간 약속부터 스스로!

"네가 늦어서 걱정 많이 했어."

"다음부턴 늦을 것 같으면 꼭 전화해."

"뭐 하느라고 이제 와!"

"친구가…."

"지금이 몇 시인 줄 알아?"

"정말 학원에 가긴 한 거야?"

"네, 갔어요."

"너, 엄마가 학원에 전화해본다?"

"아, 마음대로 하세요."

"엄마는 집에 있어도 네가 무슨 짓 하고 다니는지 다 알아. 비싼 학원비 내고 다니는 거니까 공부 열심히 해. 알았어? 어서 씻고 저녁 먹어!"

이쯤 되면 엄마와 아이 관계는 꽝이다. 아이는 더 이상 엄마가 자신을 믿지 않는다고 생각한다. 엄마는 엄마대로 아이의 버릇없는 행동만 탓할 것이다. 당연히 엄마와 아이 관계는 나빠질 수밖에 없다. 물론 엄마는 아이를 걱정하는 마음에 그렇게 말했겠지만, 아이들은 곧이곧대로 받아들인다.

아이에게 엄마의 불신은 큰 상처가 된다. 그 상처가 어느새 흉터가 되어서 익숙해지면 나중에는 '내가 아무리 노력해도 안 되는구나. 엄마는 나를 믿어주지 않아'라고 생각하고 더 잘하려는 노력을 소홀히 하게 된다.

그러니 아이가 조금 늦더라도 무턱대고 "지금이 몇 시인 줄 알아?", "왜 이제 와. 어디 갔다 오는 거야?", "정말 학원에 가긴 간 거야?"라며 꾸짖거나 다그치지 말자. 늦었다면 "무슨 일 있었니? 걱정 많이 했어" 정도가 좋

다. 그리고 너무 늦었을 때는 "다음부터는 늦을 것 같으면 꼭 전화해"라고
일러둔다. 그러면 다음에는 '엄마가 걱정하실 텐데'라고 생각하면서 서둘러
돌아오려 노력할 것이다.

학원도 학교처럼 아이들에게는 만남의 장소다. 학원에도 친구가 있고, 얘
기를 나누느라 조금 늦거나 군것질을 하는 것은 당연한 현상이다. 이유가
있어 늦었다면 이해하고 아이를 믿어주는 자세를 갖는 게 중요하다.

귀가 시간을 지키려고 노력하는 일도 아이 스스로 할 수 있게 해야 한다.
부모의 강요에 못 이겨 귀가 시간을 지켜봐야, 왜 귀가 시간을 지켜야 하는
지 깨닫기 어렵다. 이렇게 자란 아이들은 성인이 되어서도 다른 사람의 강
요가 있어야만 시간을 지키려고 할 것이다. 주도적인 아이는 매사에 스스로
판단해서 옳은 결과를 낼 수 있는 아이다. 작은 시간 약속이라도 스스로 생
각하고 지킬 수 있도록 내 아이를 조금 더 믿어보자.

아이가 어떤 것에도 의욕이 없어 보일 때
– 아이가 정말 좋아하는 것은 따로 있어요

"공부 말고 또 잘할 수 있는 게 뭘까?"
"꽃이나 애완동물을 길러볼래?"

아이가 어떤 일에 관심과 열정을 갖고 몰두하게 하는 것은 좋은 경험을 선물하는 효과 만점 교육이 된다. 이런 몰입과 경험을 통해 자신감을 키울 수 있다. 그런데 많은 부모들이 아이가 배우는 것마다 잘하길 바라지 배우는 것 자체에 의미를 두지 않는 것 같다.

"오늘 수채화 그림 수업은 어땠니?"

"그저 그랬어요."

"끝까지 완성은 한 거야?"

"아니요."

"뭘 그렸는데 완성을 못 한 거니?"

"대충 그렸어요."

"너는 대체 제대로 하는 게 뭐니? 인형 옷 만드는 것 빼고는 아무것도 하는 게 없잖아"

그러곤 엄마의 푸념이 시작된다.

"우리 애는 왜 이 모양인지 모르겠어요. 무엇 하나 열심히 하려고 들지 않아요. 그저 시간만 나면 멍하니 앉아 있지 뭐예요."

그러나 이런 바람이 지나치게 부모 입장만 생각한 것은 아닌지 생각해보아야 한다. 왜 인형 옷 만드는 것은 부모의 관심에서 제외되어야 하는 것일까?

엄마들은 자신이 바라는 분야만 눈여겨보려 한다. 예를 들면 아이의 학교 공부, 피아노, 그림, 논술 등에 대한 관심이나 의욕만을 눈여겨보고 그 외의 것은 신경 쓰지 않는다.

아이의 관심거리를 엄마의 기준으로 판단하는 일은 의외로 많다. 딱지나 구슬 모으기, 인형 옷 만들기, 동물 기르기 등은 정말 가치 없는 일일까? 단지 엄마의 눈에만 가치 없는 일인 것은 아닐까? 아이가 흥미를 보이는 모든 놀이가 곧 학습이다. 이러한 놀이를 통해서 끝없이 새로운 것을 배워간다.

진화론으로 세계 과학사에 커다란 업적을 남긴 다윈은 어린 시절 기억력이 나쁘고 게으른 아이라는 평을 받았다. 아버지는 그런 다윈을 자주 윽박질렀다.

"너는 아무것도 잘하려 드는 것이 없구나. 고작해야 사냥이나 개, 고양이를 키우는 것 외에는 도대체 관심이 없어. 너는 우리 집안의 수치다."

다윈은 아버지의 눈에 하찮게 보이는 여러 가지 놀이에 관심과 의욕을 가지고 있었다. 다윈이 가장 큰 관심을 보인 것은 바로 수집이었다. 다윈은 우표, 지폐, 돌 등을 닥치는 대로 모으는 수집광이었다. 이러한 다윈의 수집벽은 그가 생물학자로 성공하는 데 아주 중요한 밑바탕이 되었다.

아이가 아무것에도 의욕을 보이지 않는다면 부모 탓일 가능성이 높다. 아이가 원하지도 않는데 너무 많은 것을 시키는 것은 아닌지, 또는 부모가 원하는 것만 시키고 있는 건 아닌지 한번 생각해보자. 특히 요즘 엄마들은 아이가 공부를 잘하는 것은 물론이고 악기 한두 가지쯤은 능숙하게 다루길 바란다. 또한 태권도나 수영도 남에게 지지 않을 만큼은 해야 한다며 모든 면에서 두루 인정받기를 원한다. 맹목적인 엄마들의 욕심 때문에 아이는 매일같이 서너 군데의 학원을 전전하다가 밤늦게 돌아와서도 졸린 눈을 비비며 학원 숙제에 매달려야 한다. 이런 상황에서 아이들이 무엇에 관심을 가질 수 있을까?

어른도 하루 종일 강요된 일에 시달리고 나면 무기력증에 빠지는데 하물며 아이들은 어떻겠는가? 엄마의 강요에 못 이겨 하는 활동은 아이의 관심사가 되기 어렵고 아이의 의욕도 이끌어낼 수 없다.

유태인은 절대로 자녀에게 취미 활동을 강요하지 않는다고 한다. 피아노나 미술 공부를 하는 등의 취미 활동은 전적으로 아이가 결정한다. 싫으면 할 필요가 없고, 하려거든 최선을 다하라고 가르친다.

아이들 스스로가 문제를 해결할 틈도 없이 부모들이 미리 알아서 다 해결해주는 환경은 의욕 없는 아이를 만드는 결과를 낳는다. 아이들은 크고 작은 문제에 부딪혀 그 문제를 해결해나가는 과정을 통해 성장해 가고, 이때 자립심도 키워진다.

한 가지 문제를 스스로 해결해본 경험이 있는 아이는 또 다른 문제에 도전할 힘을 얻고 그러는 과정에서 주도적이고 의욕이 넘치는 아이로 자라난다. 자녀의 실패가 두려워 무엇이든 대신 해주는 것은 아이들의 사고의 싹을 자르는 것임을 명심하자.

이때도 중요한 것은 부모의 태도다. 의욕은 스스로의 힘으로 무언가를 이루고 그것을 확인했을 때 솟아난다. 따라서 아이들이 잘한 일에 대해서는 충분히 인정하고 칭찬을 아끼지 않는 것이 의욕을 북돋아주는 길이다. 열심히 해도 칭찬을 듣기는커녕 오히려 야단을 맞거나 냉소적으로 대한다면 아이가 아무리 원해서 시작한 일이라도 곧 싫증을 낼 것이다.

지금 아이가 어떤 것에도 의욕을 보이지 않고 멍하니 앉아 있다면 다그치거나 억지로 변화를 강요하지 말고 우선 아이를 잘 관찰해보자. 그리고 인내심을 갖고 아이 스스로 무엇엔가 흥미를 느끼기 시작할 때까지 조용히 지켜보자.

아이가 지나치게 의존적일 때 – '의존적인 아이'로 키우실 건가요?

"참 잘했구나. 훌륭하다!"
"어디 한번 해볼래? 엄마는 지켜보기만 할게."
"결정은 네가 하렴."

일요일 저녁, 갑자기 집안이 고요해진 것을 알아차린 엄마가 아이 방을 기웃거린다.
"뭐하고 있니?"
"로봇 만들고 있어요."

"학교 숙제야?"

"네."

"근데 무슨 로봇이 이러니? 머리만 크잖아. 다리는 또 이게 뭐니? 어디 제대로 서기나 하겠니?"

"머리를 다시 만들면 돼요. 풀이 어디 있지?"

"이리 내. 엄마가 해줄게. 어떤 색으로 할까?"

"아무거나."

"얘, 건들지 마. 엄마가 붙이고 있잖니? 여긴 파란색이 좋겠다. 크기는 이 정도면 되겠지?"

"엄마 맘대로 하세요."

"어째 넌 이런 것도 혼자 못 하니? 다리도 다시 만들어야겠지?"

"모르겠어요."

"이름은 어디다 쓰지?"

"엄마 맘대로…."

아이가 하는 대로 내버려두면 시간만 많이 걸리고 답답해서 차라리 자기가 대신 해주는 것이 낫다고 생각하는 엄마들이 많다. 이런 엄마들은 대신 해주고는 아이를 위해 뭔가 해주었다는 생각에 뿌듯함까지 느낀다. 그런데 이런 뿌듯함은 오로지 엄마들의 자기만족일 뿐이다. 오히려 아이에게는 독이 된다. 이런 일이 반복되다 보면 아이는 의존적인 성격으로 변할 수밖에 없기 때문이다.

시간이 걸려 답답한 것은 아이가 아니라 엄마다. 아이의 행동이 성에 차지 않고 자기 방식대로 해야 직성이 풀리는 것은 아이를 위해서가 아니라 엄마 자신의 마음이 편하고자 하는 행동이다.

엄마가 모든 일을 대신해줄 경우, 아이는 스스로 생각하고 판단할 기회를 박탈당해 혼자 사고하는 능력이 사라진다. 아이는 아무리 노력해봤자 어차피 엄마의 마음에 들지 않을 거라 짐작하고, 미리 자기 생각을 포기한다. 엄마의 기대치만큼 해낼 자신이 없어 자신감마저 떨어진다. 이런 상황이 반복되면 아이는 혼자 힘으로 힘들게 하는 것보다 엄마가 금방 해결해주는 것에 익숙해진다. 따라서 스스로 노력하려는 의욕을 잃게 되고 자신의 욕구를 부모가 대신 충족시켜주길 바라는 아이로 자란다. '의존적인 아이'가 되는 것이다.

많은 엄마들이 아이가 지나치게 의존적이라며 걱정한다.

"우리 애는 혼자 내버려두면 아무것도 못 해요. 하나부터 열까지 제가 일일이 다 챙겨줘야 해요."

"어머, 말도 마세요. 우리 아이는 혼자서 책가방도 못 챙겨요. 내가 챙겨주지 않으면 꼭 준비물을 빠뜨린다니까요."

이런 말을 하는 엄마들의 마음을 살펴보면 지나친 불안감이 자리하고 있다. 아이가 잘못할까봐 불안하고 실수할까봐 두려워하며 나아가 아이의 잘못과 실수를 곧 엄마 자신의 실수로 받아들인다. 이런 경우는 아이의 행동이 문제가 아니라 엄마의 불안감이 문제다.

아이가 책가방을 혼자 챙기면 어떻게 될까? 일어날 수 있는 최악의 가능성은 준비물을 빠뜨려 선생님께 혼이 나는 일 정도다. 그런 다음에는 어떻게 될까? 아마도 아이는 선생님께 혼이 나고 수업 시간에 필요한 물건이 없어 멀뚱멀뚱 다른 아이들이 하는 행동을 지켜볼 것이다. 한 번 이런 경험하고 나면 아이는 왜 꼼꼼하게 책가방을 챙겨야 하는지 배울 것이다.

불행히도 많은 엄마들은 그 과정을 지켜보지 못한다. 자신의 아이가 선생님께 혼이 나면 안 되고, 준비물이 없어 멀뚱멀뚱 앉아 있는 것을 내버려둘 수 없다. 엄마는 아이의 발전 때문이 아니라 자신의 불안감 때문에 책가방을 챙겨주는 것이다.

처음부터 완벽하게 잘하는 아이는 없다. 모든 사람은 실수와 잘못을 통해 배운다. 특히 아이들은 수많은 시행착오를 겪으며 경험을 쌓는 과정에서 인내심을 배우고 독립심을 터득한다. 이 과정에서 아이는 나름대로 성취감을 느끼게 되고 스스로 하는 법을 찾을 것이다.

시간이 걸리고 답답하더라도 한 발짝 뒤로 물러서서 아이가 혼자 끙끙거리는 것을 지켜보자. 아이가 독립심 강한 성인으로 성장하길 바란다면 엄마는 대신 문제를 해결해주거나 답을 찾아주어서는 안 된다. 부모는 아이가 스스로 생각하여 올바른 행동을 하고 좋은 결과를 낼 수 있도록 옆에서 도와주는 안내자가 되어야 한다.

이때 엄마가 아이에게 해줄 수 있는 말은 "참 잘했어. 훌륭하다!", "실패하면 다시 하면 돼", "결정은 네가 해봐"처럼 용기를 북돋워주는 말이 아닐까?

만약 아이가 "아무거나", "몰라", "엄마가 알아서 해"라는 대답을 자주한다면 엄마가 아이보다 앞서서 성급하게 모든 일을 대신 처리해주고 있지는 않은지 뒤돌아보자.

쉽게 포기하거나 싫증을 낼 때 – 끈기 없는 아이는 엄마가 만들어요

"힘들었지? 한 번만 더 해보자."
"잠시 쉬고 싶은 것 같구나. 네가 하고 싶을 때 다시 시작하자."
"시원시원하게 빨리 해치웠구나. 어떻게 한 거지?"

아이가 싫증을 잘 내는 이유는 인내심이 부족해서이기도 하지만 한편으로는 호기심이 풍부해서다. 고정된 것을 견디지 못하고 끊임없이 무언가 새로운 것을 추구하는 창조적 욕구가 싫증으로 나타나기 때문이다.

"엄마. 나 검도 그만 할래."

"왜, 또?"

"재미 없어, 힘들기만 하고. 나 다른 거 배울래."

"끈기가 없어서 큰일이다. 무엇을 해도 중간에 포기하고 적당히 끝내 버리니. 네가 배우겠다고 해서 비싼 돈 들여 시켜줬더니 겨우 한 달 하고 그 만두니? 이게 벌써 몇 번째야. 작년에는 발레를 하겠다고 야단을 하더니 두 달 만에 그만뒀지, 그 다음에는 바이올린, 이번에는 또 검도니? 이제 다시 는 아무것도 안 시켜줄 테니까 알아서 해!"

아이들이 무언가를 배우려고 하면 부모들은 '역시 내 아이야' 라는 생각 에 대견해 하며 아이들을 학원으로 보낸다. 또 부모의 바람 때문에 아이들 을 억지로 학원에 보내려 하기도 한다. 그러나 아이들은 아이들이다. 조금 어려워지고 싫증나면 언제든 포기하려고 한다. 지레 겁을 먹고 시도조차 하 지 않으려고 할 때도 많다. 아이들은 자신이 잘할 수 있거나 좋아하는 분야 에서는 적극적으로 의욕을 보이지만 서툰 분야에서는 소극적으로 행동하고 심지어는 기피하려는 경향도 있기 때문이다.

아이가 해보지도 않고 지레 포기하려는 이유는 아무리 열심히 해도 잘하 는 아이만큼 할 수 없다는 생각 때문이다. 또 혹시 우스꽝스러운 모습을 친 구들에게 보이기라도 한다면 놀림을 당할 것이라고 생각한다. 만일 그런 생 각이 습관으로 굳어지면 어른이 되어서도 해보지도 않고 미리 포기하는 소 극적인 사람이 될 것이다.

엄마들은 무언가 한두 가지 과외 공부를 시키지 않으면 아이가 남에게 뒤 진다고 생각한다. 피아노, 미술, 무용, 태권도 등 아이를 '만능맨'으로 만들 고 싶어 한다. 하지만 부모의 강요에 떠밀려 무언가를 하게 된다면 금방 싫증을 낼 수밖에 없다. 따라서 부모가 원하는 것을 강요하지 말고 아이가 원하는 것을 시키되, 책임 의식을 분명히 심어주어 스스로 판단할 수 있도록 해야 한다.

물건의 경우도 마찬가지다. 특별히 물건에 대해 싫증을 잘 내는 아이들의 경우 호기심이 많아서일 가능성이 높다. 그렇다고 사달라는 물건을 무엇이든 다 사준다면 인내심 없는 아이가 되어버린다. 요즘 아이들은 잃어버린 물건을 애써 찾으려 하지 않는다. 찾는 방법을 몰라서이기도 하지만 찾는 게 귀찮고 부모가 금방 새것을 사주므로 굳이 찾을 필요가 없기 때문이다.

물건을 사줄 때는 일정 정도의 시간을 갖고 그 물건이 자신에게 꼭 필요한지 다시 한 번 생각해보게 하는 과정이 필요하다. 그리고 구입한 물건에 대해서는 아이 스스로 관리하도록 해야 한다. 물건이 망가지거나 분실되지 않게 함은 물론이고, 정리정돈까지도 아이 스스로 할 수 있게 해야 한다.

이렇게 되면 아이는 자연스럽게 자기 물건에 대한 애착을 키울 수 있고, 불필요하게 자주 새 물건을 사달라고 조르는 일도 줄어들 것이다. 아무리 사소한 것이라도 아이의 물건에 각각 이름표를 붙여주는 습관을 들이는 것도 좋은 방법이다.

호기심이 많은 아이들은 호기심을 자극할 만한 요소들이 사라져버리면 이내 싫증을 낸다. 따라서 싫증을 잘 내는 아이에게는 인내심을 키워주는 한편 아이의 왕성한 호기심과 탐구심을 해치지 않도록 배려하는 것이 중요하다.

한편, 새로운 것에 빨리 적응하고, 정보를 이끌어내어 자기 것으로 소화하는 속도가 빠른 아이들도 자칫 인내심이 부족해 보일 수 있다. 적응이 빠른 아이들은 장난감 하나를 가지고 놀더라도 다른 아이보다 놀이 방법을 빨리 터득하다보니 금세 싫증을 낸다.

이런 아이에게 인내심이 부족하다고 나무라면서 무조건 한 가지 일에만 오래 집중하도록 강요한다면 아이는 욕구 불만이 되기 쉽다. 물론 더 이상의 발전도 기대하기 어렵다. 그러므로 아이가 싫증을 잘 낼 경우, 무조건 인내심이 없다거나 불성실하다고 판단하지 말고 그 일을 통해 성취한 내용을 검토해 볼 필요가 있다.

자신의 아이가 쉽게 싫증을 내고 끈기가 부족한 아이라고 평가하는 부모들 중에는 부모 자신이 완벽한 것, 정적인 것을 좋아하는 경향이 있다. 이런 경우, 부모와 자녀 간의 성격 차이 때문에 자녀가 일방적으로 부정적인 평가를 받는 것이다.

아이에게 끈기가 없다거나 산만하다는 꼬리표를 붙이면 실제로 그렇지 않은 아이도 그렇게 변할 수 있다. 따라서 아이의 인성에 어떤 규정을 내리는 것은 되도록 삼가야 한다.

아이의 노력을 인정하고 격려해주는 집안 분위기를 만드는 것도 매우 중요하다. 만약 특별한 재능이 있어서 노력하지 않고도 좋은 성과를 내는 자녀와 그렇지 못한 자녀가 있을 경우, 다소 미흡한 점이 있더라도 노력해서 얻은 것을 더욱 인정해주어야 한다.

"이런 미련한 녀석! 그래 밤새도록 끙끙거리더니 겨우 이거야? 네 동생을 봐. 한 시간 만에 뚝딱 해치웠는데도 이렇게 잘했잖아."

이런 구박을 자주 들은 아이는 노력하는 일 자체를 부끄럽게 생각하고, 되도록 노력하지 않고도 성과를 얻을 수 있는 일만 하려 들 것이다. 따라서 가능한 한 긍정적으로 평가하려는 노력이 필요하다.

"힘들었지? 한 번만 더 해보자."

"잠시 쉬고 싶은 것 같구나. 하고 싶을 때 언제든 다시 시작하자."

"어머 숙제를 꼼꼼하게 잘했네! 어떻게 한 거야?"

친구 문제로 고민할 때 – 소영이가 저랑 안 논대요

"저런. 그런 일이 있었구나."

"걱정이 이만저만이 아니겠는걸."

"다시 친해질 수 있는 방법을 생각해볼까?"

아이에게 친구는 가족 못지않게 중요하다. 아이들의 고민거리를 들어보면 친구와의 문제가 특히 많다. 특히 여자 아이들은 친구 문제가 상담 건수의 으뜸을 차지할 정도다.

아이들은 친구와의 관계에서 다른 사람의 의견을 수용하고 남을 배려하는 법을 배운다. 이렇게 아이들은 또래와의 경험을 통해 좋은 추억을 만들며 커간다. 친구 관계는 아이가 세상에 태어나 사람들과 더불어 살아가는 것을 배우는 첫 단계다. 그래서 친구와의 다툼은 처음 겪는 아픔으로 받아들여진다.

아이가 친구 문제로 풀이 죽어 있을 때 별것도 아닌 것을 가지고 우거지상을 하고 있다고 말하는 부모들이 있다.

"표정이 왜 그래? 무슨 일 있었어? 어깨 좀 펴고 다녀라."

"소영이가 나랑 안 놀려고 해."

"난 또 무슨 큰일이라도 있는 줄 알았네. 기운 내. 그깟 일로 뭘 그래."

"제일 친한 친군데 어떻게 그래?"

"친구가 걔 하나뿐이니? 새 친구를 사귀면 되잖아."

아이가 엄마에게 듣고 싶었던 말은 다른 친구를 사귀면 된다는 말이 아니다. 아이는 어떻게 하면 소영이와 다시 친하게 지낼 수 있는지 의논하고 싶었을 것이다. 아이가 친구 문제로 고민할 때는 먼저 "저런, 그런 일이 있었구나.", "걱정이 크겠구나"라고 공감해준다. 그러면 아이는 친구와 있었던 일을 자세하게 설명할 것이다. 이때는 웬만하면 비판하지 않고 조용히 듣는 것이 중요하다. 그리고 "친구 사이가 항상 좋을 수는 없단다. 어른들도 많이 그러는 걸"하고 누구에게나 흔히 있을 수 있는 일이라는 걸 알려주어 안심

시킨다. 만약 아이에게 잘못이 있는 것 같으면 "솔직하게 사과하는 게 좋을 것 같구나. 그러면 친구도 미안하다고 할지 몰라", "직접 말하기 어려우면 편지를 써보는 건 어떨까?" 등의 제안을 한다. 아이가 원래의 좋은 관계로 다시 돌아가기를 원한다면 다시 친해질 수 있는 방법들을 함께 생각해보는 것도 좋은 방법이다.

- 소영이와 마주치면 반갑게 인사하며 같이 놀자고 말한다.
- 소영이에게 왜 나와 놀지 않으려 하냐고 직접 물어본다.
- 편지를 쓴다.
- 토요일에 같이 영화를 보자고 한다.

"이 중에서 넌 무엇을 고를래?"

이렇게 해결 방법은 같이 생각하지만 선택권은 아이에게 주어 스스로 선택함으로써 자신의 행동에 책임을 지도록 한다.

남자 아이의 경우 싸우고 돌아왔을 때 어떤 엄마들은 "누가 이겼니?"라고 묻는단다. 만약 자신들의 아이가 이겼다면 '맞고 다닐 아이는 아니구나'라고 안심하고 "네가 때린 데는 다 그만한 이유가 있겠지. 그 아이가 그럴 만한 원인을 제공했을 거야"라고 말하며 무심히 대응하는 것이다. 폭력이 나쁘다는 것을 깨우쳐주는 일은 뒷전이다.

맞고 들어온 아이에게 꼬치꼬치 이유를 물으며 "바보처럼 왜 같이 때리지 못하냐!"라며 핀잔을 주는 엄마도 있다. 과연 이 두 부모의 태도는 아이의 성장에 어떤 영향을 미칠까?

이런 부모에게서 자란 아이들은 폭력의 나쁜 점을 인식하지 못하고 상대를 이기려고만 하게 된다.

아이에게 용기를 주는 것은 듣기 좋은 말만이 아니다. 때에 따라서는 단호하게 "어느 경우든 폭력을 휘두르는 것은 용서할 수 없어", "상대가 귀찮게 굴 때는 단호한 태도로 '하지 말라'고 당당하게 말해야지"라고 꾸짖을 필요가 있다.

평소 가족끼리 서로 존중하고 신뢰하는 분위기기 조성되어 있으면 아이들은 부모와 무슨 일이든 얘기하고 의논하려고 한다. 또 신뢰하는 마음이 깊다면 질책도 큰 용기가 되어 힘들고 어려운 일을 이겨내는 힘이 생긴다.

아이는 부모의 교육을 통해 살아가는 법과 다른 사람을 존중하고 올바른 관계를 맺는 법을 배운다. 따라서 혹시라도 아이의 기분을 상하게 할까봐 꾸짖어야 할 기회를 놓치거나, 권위를 유지하기 어렵다는 이유로 대화를 꺼린다면 아이를 망치는 지름길로 들어서는 것이나 다름없다.

친구들에게 따돌림을 당했을 때 – 공감으로 고민 해결!

"그런 일이 있었니? 기분 나빴겠구나."

"같이 고민해보자."

"하고 싶은 말은 확실하게 하렴."

"나라면 이렇게 할 것 같은데."

아이들이 가장 힘들어하는 것은 친구들에게 괴롭힘을 당하거나 따돌림 당하는 것이다. 또래 아이들과 좋아하는 것이 다르다는 이유로, 잘하지 못한다는 이유로, 외모가 특이하다는 이유로 놀림을 당한 아이는 친구들 앞에서 꾹 참고 자신의 의견을 말하지 못한 채 우울해한다. 초등학교 3학년 한영이는 웬일로 표정이 어둡다.

"엄마. 준이랑 현정이가 나하고 안 논대."

"왜?"

"몰라."

"네가 걔들한테 뭔가 잘못한 거 아냐? 그러니까 그랬겠지."

"아냐. 그런 거 없어."

"없긴 뭐가 없어? 넌 어째 늘 그 모양이니? 그러니까 애들이 너를 우습게 보는 거야. 칠칠치 못해서."

엄마에게 하소연하고 이해와 위로를 받고 싶었던 한영이의 마음은 무참히 찢어졌다. 엄마는 화나고 슬픈 한영이의 감정을 전혀 귀담아듣지 않고 마치 엄마가 모든 것을 꿰뚫고 있다는 듯이 단정을 지어버리고 늘 그 모양이라는 식으로 말을 했다. 그 후에도 친구들의 따돌림은 계속됐다. 그러나 한영이는 엄마에게 말해봤자 도움이 되기는커녕 비난만 돌아올 게 뻔해 혼자 마음속으로 끙끙 앓았다.

그러던 어느 날, 한영이는 학교에 간다고 나갔다가 아빠와 엄마가 출근한 것을 확인하고 집으로 돌아왔다. 친구들의 따돌림이 두려워 학교에 가기가 싫었기 때문이다. 딱히 할 것이 없어 게임을 하고 있을 때였다. 갑자기 엄마가 들이닥쳤다.

"너 왜 학교 안 갔어? 왜 선생님이 전화하게 만들어? 이유가 뭐야?"

"배가 아파서⋯."

"거짓말하지 마. 배 아픈데 컴퓨터 게임을 하고 있었다고? 솔직히 말해. 왜 안 갔어?"

"친구들이 괴롭힌단 말이야."

"누구야 누구? 너를 괴롭히는 놈들이. 선생님한테는 말했어?"

"아니."

"바보같이 왜 가만히 있어? 그럼 엄마한테 진작 말했어야지?"

"저번에 말했는데 엄마가⋯."

"네가 말을 똑바로 했어야지. 안 되겠다, 내가 걔들을 만나서 그냥⋯. 아니, 선생님한테 전화부터 해야겠다."

엄마가 한영이의 고민을 주의 깊게 들어주고 함께 고민을 나누었더라면 어떻게 되었을까? 엄마가 친구들을 만나 해결하거나 곧장 선생님에게 알리지 않고도 일은 훨씬 쉽게 풀렸을 것이다.

함께 어울리던 친구들이 놀아주지 않고 왕따를 당한다는 사실을 알았을 때 엄마의 입장에서 걱정이 되고 한편으로 화가 나는 것은 당연하다. 그러나 이런 경우라면 냉정해지는 것이 가장 중요하다. 아이가 고민을 말하면 잘 듣고 공감한 다음 함께 생각해보자. 잘 듣기 위해서는 엄마가 말하고 싶은 유혹을 이겨내야 한다. 아이를 잘 관찰하며 편안하게 말할 수 있도록 도와주어야 한다. 이야기를 들을 때도 '충분히 들을 준비가 되어 있다'는 인상을 줄 수 있어야 한다. 첫째, 하던 동작을 멈추고 둘째, 얼굴을 아이와 마주해야 한다. 다 들어준 다음에는 제안하고 격려하는 것을 잊지 말자.

상황에 따라서는 왕따에 의연하게 대처하는 편이 나을 때도 있다. 아이 스스로 해결할 수 있도록 지켜봐주는 것이다.

아이가 나름대로 노력을 시작했을 경우에는 잘했다고 인정을 해주고, 성공했을 때는 기쁨을 나누도록 한다.

"잘 참았어. 훌륭하다. 엄마는 언제나 네 편이란다."

이것이 바로 아이에게 튼튼한 받침대가 되어주고 아이의 마음에 날개를 달아주는 엄마의 한마디다.

공부를 하지 않을 때 − 누가 너한테 시집올까?

"이렇게 공부해보는 것은 어떨까?"
"어떤 방법이 너한테 맞는 것 같니?"

아이들은 언제나 놀고 싶다. 하지만 놀기만 한다면 부모의 입장에서는 걱정될 수밖에 없다. 물론 실컷 뛰어놀게 해주고 싶은 마음도 있지만 공부를 안 시키려니 우리 아이가 뒤떨어질 것이라는 불안감이 엄습한다. 공부 잘하는 다른 집 아이들을 보면 은근히 부아가 나기도 한다. 초조해진 부모는 슬슬 아이를 협박하기 시작한다. 자신들이 어렸을 때 그렇게 듣기 싫어하던 말을 그대로 하고 있다는 사실을 까맣게 잊은 채.

"너 엄마 말 안 듣고 공부 안 하면 나중에 어떻게 되는지 알지? 빨리 앉아서 공부해!"

보통 이런 경우 공부하지 않으면 장래에 큰일이 일어난다는 식으로 말한다. 특히 공부 때문에 실패를 겪어본 부모일수록 이런 경향이 강하다. 하지만 이런 협박조의 말은 아이에게 '공부를 안 하면 큰일 난다'라는 생각을 잠시 들게 하는 효과는 있을지 모르지만 아이들은 금방 잊어버린다. 아이에게 단순히 위기의식을 느끼게 할 순 있지만, 마음속으로부터 동기를 부여하는 것은 아니기 때문이다.

"자, 공부하자."

"좀 놀다가 하면 안 돼?"

"안 돼. 자, 이 문제 답이 뭐야?"

"내가 알아서 할 건데….'

"알아서 하긴 뭘 알아서 해. 잘 봐, 답은 이거야."

"….'

"이해가 안 돼?"

"응."

"정말 큰일이구나! 비싼 돈 들여서 학원 보내면 뭐해. 넌 도대체 누굴 닮아서 이 모양이니? 내가 속상해 미치겠다."

아이들이 공부하기 싫어하는 가장 큰 이유는 방법을 모르기 때문이다. 공부하는 방법을 모르기 때문에 집중도 되지 않고 성적도 오르지 않는다. 이런 때는 아이에게 맞는 공부 방법을 찾아 방향을 잡아주는 것이 효과적이다.

먼저 잘하는 과목이나 잘하는 분야를 칭찬해준다.

"우리 수경이가 수학을 잘하는구나."

그런 다음 "이 문제는 잘 모르는 것 같구나. 이대로 두면 계속 헷갈릴 거야"라고 확인한 다음 "이렇게 공부해보는 것은 어떨까?"라며 공부 방법을 제안한다. 아이들은 학원에서 시키는 대로 공부하는 데 익숙해 있어 스스로 공부하는 방법을 터득하기 어렵다. 무조건 '공부해!'라고 말하지 말고 아이와 함께 재미를 붙일 수 있는 공부 방법을 찾아보는 노력이 필요하다.

또 하나, 아이에게 스스로 공부할 수 있도록 동기를 심어주는 것이 중요하다. 그냥 훌륭한 사람이 되기 위해 공부하라는 것은 아이들에게 와 닿지 않는다. 아이들은 먼 미래를 위해 공부할 만큼 성숙되어 있지 않다. 아이가 공부를 열심히 하도록 만들고 싶다면 왜 공부를 해야 하는지, 왜 공부하지 않으면 안 되는지 스스로 생각해볼 수 있는 기회를 주어야 한다. 그래야 자기 주도적으로 공부를 할 수 있다.

만약 닮고 싶은 사람이 있다면 그 사람처럼 되기 위해서 어떤 노력을 해야 할지 이야기를 나누어보자. 공부를 해야 하는 목적과 이유를 이해하게 되면 아이 스스로 계획을 세우는 일도 가능해진다.

초등학교 4학년 태민이는 유난히 뱀이나 이구아나, 악어 같은 파충류를 좋아했다. 특정 분야에 관심이 많은 것도 좋지만 그게 지나쳐 태민이의 방에는 온갖 종류의 파충류들로 우글거렸고 심지어 뱀과 함께 침대에서 잠을 자기도 했다. 태민이 엄마는 이대로는 안 되겠다 싶어 아이의 손을 이끌고 전문가를 찾아갔다. 건국대 부총장을 지낸 류태영 청소년미래재단 이사장이었다.

류 이사장은 태민이를 보자 마자 대뜸 "너, 나중에 결혼은 할 거지?"라고 물었다. 아이는 당연하다는 듯이 "그럼요" 하고 대답했다. 류 이사장은 고개를 갸웃거렸다.

"글쎄~ 지금처럼 하루 종일 방 안에만 처박혀 있는 데다 파충류만 좋아하는데 누가 너한테 시집을 올까? 내가 여자라면 절대 너한테는 시집을 안 갈 거야."

그러자 태민이는 머리를 긁적이며 말했다.

"음~ 선생님처럼 교수가 되면 괜찮지 않을까요?"

"교수가 되면 괜찮을 거라고? 왜?"

"내가 좋아하는 파충류를 연구하고 사람들에게 가르치면 좋을 것 같아요. 그리고 일단 폼도 나고 멋있잖아요. 여자들에게 인기가 많을 것 같아요."

"그래? 교수가 되면 누군가 시집을 온다 이거지? 그럼 교수가 되려면 어떻게 해야 할까?"

"좋은 대학이랑 대학원을 나와야 하겠죠."

"그래, 그렇구나. 그러려면 좋은 대학과 대학원을 다녀야할 텐데, 그렇게 하려면 어떻게 해야 할까?"

"당연히 고등학교 때 공부를 잘해야죠."

"그래? 그러면 고등학교에서 공부를 잘하려면 어떻게 해야 할까?"

"예습, 복습도 하고 수업시간에 집중해야죠!"

당연한 질문에 태민이의 대답 속도도 빨라졌다.

류 이사장을 만나고 온 뒤 태민이는 며칠 동안 혼자 생각에 잠겼다. 그 후 태민이의 태도는 완전히 바뀌었다. 주도적으로 공부하기 시작했고 스스로 자신의 미래에 대한 생각을 하기 시작했다. 그전에는 무작정 파충류를 좋아하기만 했다면 이제는 관련 책을 찾아보고 진지하게 고민했다. 또한 자신이 진학해야 할 학교와 필요한 공부 등을 직접 알아보기도 했다.

공부하지 않는 아이를 책상 앞에 앉게 하는 것은 엄마의 잔소리나 협박이 아니다. 공부를 재미있게 하는 방법을 같이 모색하고, 공부의 필요성을 스스로 깨우치도록 도와주는 것이 최선의 방법이다.

학원에 가려 하지 않을 때 – 땡땡이도 필요해요

"오늘 하루 쉬고 싶으면 쉬어."
"머리도 식힐 겸 쇼핑이라도 갈까?"

아이를 학원에 보내는 이유가 무엇일까?
우리 아이만 처지면 안 되니까.
남들도 다 하니까.
누구누구는 그걸 해서 성공했다니까.
아이가 좋아하는 것이 무엇인지 알고 그에 관한 능력을 키워주려고 하기보다는 남이 하니까 우리 아이도 해야 한다고 생각해 이곳저곳 학원에 보내는 엄마들이 많다. 아이를 사랑하는 마음은 충분히 이해가 가지만 과연 그렇게 하는 것이 아이를 진정으로 위하는 행동인지 생각해볼 일이다.

필자 역시 아이를 키워본 입장에서 다른 엄마들의 마음을 충분히 이해한다. 나 또한 아이를 키우면서 공부도 잘하고 특기도 두루 갖추었으면 하는 마음, 남보다 잘하지는 못하더라도 뒤처지지는 않았으면 하는 마음에 이것저것 시도를 했다.

그러던 어느 날, 학원 선생님이 전화를 했다.

"아이 수업 태도가 안 좋아요. 고개를 푹 숙이고 있거나 엎드려서 얼굴을 묻고만 있어요. 몇 번 지적을 했는데도 고쳐지지 않아요. 성적은 좋게 나오니까 더 이상 혼낼 수도 없고…."

학원에서 돌아온 아이에게 조심스럽게 물어보았다.

"선생님이 걱정을 많이 하시더라. 네가 수업시간에 집중하지 못하는 것 같다고. 자세를 바로 하지 않아서 그렇게 느끼시는 것 아닐까?"

"너무 피곤해. 형광등 불빛도 싫고. 학원 가기 싫어. 나 혼자서 공부하면 안 될까?"

의논 끝에 나는 아이를 학원에 보내지 않기로 결정했다. 대신 스스로 계획을 세워 공부하겠다는 다짐을 받았다. 그 후 아이는 나름대로 열심히 공부하고 있었는데도 난 불안해서 견디기가 힘들었다. 그러면서 스스로 위로했다. '혼자 공부하게 됐다가 성적이 떨어지면 다시 보내지, 뭐.' 결론적으로 나는 아이를 위한다는 명분 아래 나 자신의 불안을 잠재우기 위해 학원으로 아이를 내몰았다는 것을 깨달았다. 내가 할 일은 아이를 믿어주기만 하면 되는 거였다.

그 후, 다시 아이가 학원에 가는 일은 없었다. 피아노는 기초만 떼었고 미술학원은 아예 보내지 않았다. 하지만 미술대회에서는 중·고등학생 형과 누나들을 제치고 금상을 받았다. 중학교와 고등학교에 올라가서도 혼자서 공부했다. 영어 학원 수강증을 한 달 끊었지만 3주도 채우지 못했다. 혼자 공부하는 게 더 좋다는 것이었다. 그 당시 비중이 높았던 논술 역시 학교에서 배우는 것으로 충분했다. 혼자서 공부하여 고등학교 내내 장학금을 받았고 원하는 대학에도 무난히 합격했다.

이름난 학원으로 꽉 찬 스케줄이 자녀의 행복과 성공을 보장해주지는 않는다. 어쩌면 아이를 밤늦은 시간까지 이 학원 저 학원으로 쉬지 않고 돌리는 것은 '우리 사회에서 출세하려면 어쩔 수 없다'고 느끼는 부모들의 불안을 없애기 위한 것은 아닐까?

물론 아이에게 아무것도 가르치지 말고 학원에도 보내지 말라는 것은 아니다. 아이의 재능을 고려하지 않은 채 이것저것 가르치는 것이 무슨 의미가 있는지 생각해보자는 이야기다. 정말 아이가 좋아하는 것, 재능이 보이는 것을 발견하여 거기에 초점을 맞춰 집중적으로 가르치고 지원하는 것이 현명한 엄마가 할 일이다.

남들이 하는 대로 하루에 몇 개씩 학원을 보내고 과외를 시킨다는 것은 내 아이의 독특한 재능을 발견하지 못했다는 증거다. 정말 아이의 재능에 관심이 있고 그것을 키우고자 하는 부모들은 하루에 몇 개씩 학원에 보내지 않는다. 불안감에 휘둘려서 아이를 혹사시키지 말고 내 아이가 무엇에 재능이 있는지, 내 아이는 어떤 특징이 있는지 먼저 파악해야 한다.

아이가 학원에 가지 않으려 할 때는 '다그치지 말고 차분하게 대화를 할 수 있어야 한다. 친구들로부터 괴롭힘이나 따돌림을 당하고 있는 것은 아닌지, 강의 내용이 수준에 잘 맞는지, 몸이 아파 쉬고 싶은 건지 차분하게 들어주고 해결 방법을 찾아야 한다. 아이가 힘들게 이유를 말했는데도 무리하게 보낼 필요는 없다.

"오늘 하루 쉬고 싶으면 쉬어."

"머리도 식힐 겸 쇼핑이라도 갈까?"

여유를 갖도록 도와주고 문제가 생기면 학원 선생님과 상담을 하자. 가끔 몸이 안 좋아 학원에 가지 않으려 한다면 하루쯤 휴식을 취하게 하는 것으로 해결할 수 있다. 하지만, 만약 매일 같이 그런 일이 생긴다면 좀 더 근본적인 대처가 필요할 것이다.

02

자신감 충만한 아이로 키우는
엄마의 한마디

아이의 기분이 좋아 보일 때 – 엄마도 기분 짱!

"참 즐거워 보이는구나."

"정말 잘됐구나."

"대단하구나!"

"엄마도 기분 짱이야."

초등학교 4학년 슬기. 오늘은 기분이 날아갈 것 같다. 중간고사 성적표를 받았는데 생각보다 점수가 잘 나왔기 때문이다. 학교가 끝나고 그렇게 기웃거리던 떡볶이 집도 마다하고 곧장 집으로 향한다. 칭찬을 들을 생각에 마음은 어느새 하늘을 날고 있다.

"엄마~ 학교 다녀왔습니다. 헤헤~."

"무슨 좋은 일이 있었던 모양이네?"

“네, 저 평균이 5점이나 올랐어요. 100점이 두 개나 돼요.”

“그래? 우리 아들 잘했네. 그래도 영호가 더 잘했지? 영호는 몇 점이나 올랐어?

“… 영호는 1점밖에 안 올랐어요.”

“어쨌거나 영호가 더 잘했다는 얘기잖아. 지금 네가 좋아할 때니?”

“…”

“그 정도로 만족하면 안 돼! 목표를 더 높이 잡고 열심히 해야 해. 잘할 수 있지?”

“…”

아이가 기뻐할 때는 진심으로 함께 기뻐할 수 있어야 한다. 모처럼 좋은 기분에 찬물을 끼얹는 “이 정도로 만족하면 안 돼!”, “이 정도로 좋아할 때가 아니잖니!”라든가 다른 친구와 비교를 한다면 아이는 금세 기분이 나빠진다. 아이의 입장에서는 ‘정말 열심히 했는데 이게 뭐야?’, ‘엄마는 하나도 기쁘지 않은가봐’라고 실망할 수밖에 없다.

아이가 기뻐할 때는 그 기쁨을 두 배로 만들어주는 센스가 필요하다. 위의 대화에서처럼 “무슨 좋은 일이 있었나보구나”라고 먼저 말을 걸어보자. 그러면 아이들은 신이 나서 이것저것 이야기할 것이다. 이런 과정에서 아이와 엄마의 유대감이 깊어지고 자신감은 높아진다.

어딜 가나 절대로 만족이란 없는 트집쟁이들이 있기 마련이다. 이들은 사사건건 시비를 걸며 다른 사람의 사소한 실수나 단점을 못 견뎌 한다. 이런 사람들은 자식을 키울 때도 마찬가지다. 아이에게 칭찬을 해야 할 때조차도 "다음에는 더 잘해야 한다"라는 말을 덧붙여야 직성이 풀린다. 늘 '아이가 뭘 잘못하나?'에 촉각을 곤두세우고 있기 때문에 결코 "잘했구나!"라는 말로 끝을 맺을 수가 없다.

아이와 공감을 하려면 아이의 눈높이에서 생각하고 말할 수 있어야 한다. 어른이 보기에는 아무것도 아닌 일도 아이에게는 가슴이 두근거리는 모험이 되거나 만족감을 줄 수 있기 때문이다.

"엄마~ 학교 다녀왔습니다. 헤헤~."

"무슨 좋은 일이 있었던 모양이네? 즐거워 보이는데?"

"오늘 연날리기를 했는데 제 연이 제일 높이 올라갔어요. 그래서 기분 짱 좋았어요."

"그랬어? 우리 아들 대단한데. 엄마도 기분 짱이야!"

자신이 최선을 다하면 엄마도 기뻐한다는 것을 알면 아이는 모든 일에서 점점 자신감이 솟아난다. 그리고 그런 자신감은 아이의 모든 활동에 반영된다. 활동적이고 진취적인 아이로 키우는 공감의 힘을 늘 염두에 두자.

칭찬이 필요할 때 – 고래 말고 아이를 춤추게 해요

"사이좋게 잘 놀고 있구나. 언니 노릇을 참 잘하는구나."

"공부를 열심히 하고 있구나."

"책가방을 제자리에 잘 놓았네."

칭찬에 인색해서 아이들이 잘했을 때조차 아무 말도 하지 않는 사람들이 있다. 예를 들어 이런 사람들은 아이들이 사이좋게 놀 때는 침묵하다가 어쩌다 싸우기라도 하면, 마치 잘못하기를 기다렸던 사람처럼 불같이 화를 내곤 한다.

아이 입장에서는 이처럼 불공평한 일이 있을까?

"넌 언니가 되어가지고 동생을 울리고 그러니?"

"내가 안 울렸어요."

"아니긴. 동생하고 사이좋게 놀아야지. 그래야 좋은 언니야."

"엄마가 몰라서 그렇지 내가 얼마나 동생한테 잘해주는데요. 치, 엄마 나빠요!"

"뭐가 나빠?"

"내가 잘해줄 때는 암말도 안 하고 있다가 못할 때만 나무라잖아요."

아닌 게 아니라 엄마는 아이가 잘할 때는 아무 말도 안 하다가 잘못하면 화를 낸다. 원칙대로라면 잘했을 때 칭찬을 해야 하는 것 아닌가? 그러나 보통의 엄마들은 칭찬을 아낀다.

아껴야 하는 것은 따로 있다. 아끼지 말고 칭찬을 해보자.

"사이좋게 잘 놀고 있네. 우리 큰딸이 언니 노릇을 참 잘하는구나."

이 한마디는 꾸짖을 때보다 열배 이상의 효과가 있다. 칭찬을 듣거나 기대를 받고 있다고 느낄 때 아이는 엄마의 기대에 어긋나지 않으려고 노력한다. 그래서 다음번에도 똑같이 잘하려는 의욕을 보인다. 이처럼 엄마의 칭찬이 아이의 의욕을 북돋운다. 칭찬이 춤추게 하는 것은 고래만이 아니다.

칭찬에 인색한 엄마일수록 칭찬하는 방법을 복잡하게 생각하는 경향이 있다. 어떤 미사여구를 사용해야 하나, 어느 정도까지 칭찬을 해야 하나 하고 고민한다. 그러나 굳이 미사여구를 늘어놓을 필요는 없다. 사소한 말 하나로도 우리 아이를 춤추게 할 수 있다.

"사이좋게 잘 노는구나."

"공부를 열심히 하고 있구나."

"책가방을 제자리에 잘 놓았네."

칭찬의 말은 한마디면 충분하다. 예를 들어 아이가 성적표를 받아왔다고 하자. 이때 성적이 떨어진 과목이 있더라도 먼저 올랐거나 잘한 과목을 칭찬해준다.

"대단한 걸, 수학 점수가 많이 올랐네. 열심히 했구나."

그리고 아이가 성적이 떨어진 과목에 신경을 쓰고 있는 듯하면 "잘하는

게 있으면 못하는 것도 있는 게 당연해. 지나간 일이니 그렇게 신경 쓰지 않아도 돼"라고 말해주고 이렇게 덧붙인다.

"성적이 잘 안 나오는 과목을 더 공부해보는 건 어떨까?"

아마 아이도 쉽게 고개를 끄덕일 것이다. 이미 정해진 결과에 "왜 지난번보다 못했니?", "열심히 했겠지만 이것 가지고는 안 돼"라고 말하는 것보다 훨씬 큰 효과를 얻을 수 있을 것이다. "지난번보다 못했네"가 아니라 "지난번에 잘했으니까 다음엔 꼭 잘할 거야" 라고 말해주어야 한다. 이렇게 먼저 좋은 부분을 평가하고 부족한 부분을 극복하는 방법을 제안하는 것. 이것이 아이를 격려하고 의욕을 이끌어내는 포인트다.

물론 지나친 칭찬은 피해야 한다. 아무리 좋은 칭찬도 시도 때도 없이 퍼붓게 되면 아이는 칭찬을 당연한 것으로 여겨 '칭찬 중독'에 걸리기 쉽다. 이렇게 칭찬에 지나치게 익숙해진 아이는 혼자서는 불안해 무슨 일이든지 다른 사람의 의견을 듣고 인정을 받아야 비로소 마음을 놓는다. 오로지 남이 좋아할 일인지 아닌지에만 관심을 기울이는 것이다.

이런 아이들은 집에서는 별 문제가 되지 않는다. 그러나 학교에 가면 문제가 드러난다. 집에서는 부모의 관심과 애정 속에서 하는 것마다 칭찬을 받았지만 학교에 가면 달라지기 때문이다. 선생님의 관심을 독차지할 수 없는 학교에서는 집에서 받는 만큼의 관심과 칭찬을 받지 못하기 때문에 그 상황을 견디지 못하고 심리적으로 불안정한 상태가 되기 쉽기 때문이다. 즉

집 밖에 나갔을 때 집안에서처럼 모든 사람들에게 똑같은 대우를 기대한다. 그러므로 무조건적인 칭찬보다는 꼭 칭찬해야 할 때 무심히 넘겨버리지 않는 것이 더욱 중요하다. 칭찬에도 때가 있다는 말이다.

평소 아이의 좋은 점을 발견하여 칭찬하고 격려하도록 하자. 작은 칭찬이 쌓이면 쌓일수록 아이는 더욱 더 활기차고 건강하게 자란다.

도움을 바랄 때 – 아이도 잘할 수 있어요

"엄마 혼자서는 힘들어, 좀 도와줘."
"이 일은 나보다 네가 더 잘할 것 같구나. 한번 알아봐 줄래?"
"큰 도움이 되었어. 고마워."

"엄마가 이것 좀 해달라고 했잖아! 얼른 하지 못해?"
"나 지금 숙제해야 한단 말이에요."
"숙제는 무슨? 하기 싫어서 그러잖아!"
"아~ 귀찮아."
"엄마 일 도와주는 게 귀찮단 말이야? 엄만 앞으로 아무런 부탁도 안 할 테니 너도 이제 엄마한테 아무것도 해달라고 하지 마. 알았어? 부탁한 내가 바보지."

엄마나 아이나 똑같다. 해달라고 하는데 "아~ 귀찮아"라고 하는 아이나 똑같이 "나도 아무것도 안 해줄 거야"라고 하는 엄마. 누가 누굴 욕하겠는 가? 위와 같은 상황을 어디서 많이 본 것 같다고 느낀다면 반성이 필요하다.

아이에게 일방적으로 도와달라고 하거나 명령조로 말하면 아이는 반발심을 갖기 마련이다. 아이에게도 나름대로 사정이 있을 수 있다. 정말 숙제가 많을 수도 있고, 하기 싫어 미적거릴 수도 있다. 아무리 내 자식이라 하더라도 명령조로 시킬 것이 아니라 부탁하거나 제안하는 방법으로 도움을 청해야 한다.

"엄마 혼자서는 힘이 드는데 좀 도와주겠니?"

"지금 바로 하지 않으면 안 되는데 엄마 손이 모자라는구나. 네가 좀 도와줄 수 있겠어?"

"이 일은 나보다 네가 더 잘할 것 같구나. 알아봐 줄래?"

무턱대고 해달라고 말할 것이 아니라, 왜 도움이 필요한지 분명하게 설명을 한 뒤 부탁하는 것이 좋다. 아이는 아이대로 대접받는다고 생각해 책임감을 가지고 도와줄 것이다.

다음 사례를 살펴보자.

초등학교 5학년과 3학년 아이를 둔 부모가 있다. 어느 날, 가족을 생각해 아빠가 모처럼 시간을 내 주말여행을 계획했다.

"이번 주면 아빠 급한 일 끝나는데 우리 휴양림으로 쉬러 가자. 어때?"

그러나 아이들은 조금도 좋아하는 기색이 없다.

"에이, 촌스럽게 무슨 휴양림이에요?"

"맞아요. 우리 둘이서 집 볼 테니 엄마랑 아빠만 다녀오세요."

아빠는 기분이 좋지 않았다. 겨우 시간을 내 계획한 것인데 아이들 반응이 '영 아니올시다'기 때문이다. 아이들의 태도에 슬며시 화까지 난다. 그러나 아빠는 화를 꾹 참고 기분 좋은 말투로 분위기를 조성한다.

"그럼 너희들이 아빠를 좀 도와줘. 모처럼 얻은 휴가니까 가족끼리 유익한 시간을 보내고 싶은데 한번 알아봐 줄래?"

그러자 아이들은 어디로 가면 좋을지 인터넷을 뒤지기 시작한다. 무턱대고 반대했던 휴양림을 검색해봤더니 아빠 말씀대로 좋은 곳이 많다. 그러고는 엄마와 아빠를 위해 휴양림이 좋겠다고 의견을 모았다. 마침 휴양림 근처에 박물관과 놀이공원이 있어 부모와 아이들 모두가 즐길 만한 곳을 찾아냈다. 또 들를 만한 주변 관광지와 준비물 정보까지 챙기며 아이들은 즐거워했다.

항상 부모가 주도하고 아이들은 따라 움직이는 것보다 스스로 할 수 있는 힘을 키워주는 것이 아이들의 성장을 위해 유익하다. 부모의 믿음은 아이를 크게 성장시킨다. 또한 여기에서 오는 자긍심은 부모와 자식 간의 신뢰를 더욱 돈독하게 만든다.

"너희들이 큰 도움이 되었어. 고맙다."

부모에게 고맙다는 말을 들으면 아이는 자신도 가족의 일원으로서 역할을 다하고 있다는 자부심을 느낀다. 아이들에게 건네는 고맙다는 말 한마디가 아이에게 열정을 심어준다는 사실을 잊어서는 안 된다.

무슨 칭찬을 어떻게 해야 할지 잘 모르겠다면 사소한 일에서부터 시작하자. 시키지도 않았는데 엄마를 위해 쇼핑 바구니를 들어주었을 때, 물 묻은 손을 닦으라고 수건을 건네주었을 때 등. 주의 깊게 살펴보면 생각보다 칭찬할 일이 많다.

따뜻한 마음이 담긴 엄마의 칭찬 한마디에 아이는 자기 몫을 해냈다는 보람을 느낀다. 단순해 보이지만 아이의 자신감은 여기에서 시작된다.

의논이 필요할 때 – 어린아이 취급은 NO!

"의논하고 싶은 게 있단다."
"네 의견은 어떠니?"
"너라면 어떻게 하겠니?"

아이와 무슨 의논을 하느냐고 묻는 엄마도 있을 것이다. 엄마가 잘 판단해서 계획하고 아이가 따르도록 하는 것이 여러 가지로 현명한 것 아니냐고.

우리나라 부모들이 가장 못하는 것 중 하나가 아이와 의논하는 일이다.

자녀가 몇 살이건 어린아이 취급을 하는 것이다. 그러다보니 가정의 중요한 문제를 다룰 때도 아이의 의견 따위는 묻지 않고 어른들끼리 결정해버린다. 이런 분위기 때문에 어른이 되어서도 제 할 일도 제대로 못 하는 '어른 아이' 들이 생기는 것은 아닐까?

저녁을 먹는 자리에서 아빠가 폭탄선언을 한다.

"다음 주부터 작은 집 민식이가 우리 집에 와서 학교를 다닐 거다."

"왜요?"

"그건 네가 알 것 없고. 아무튼 그리 알고 있어라."

"그럼 잠은 어디서 자요?"

"당연히 네 방이지."

"저한테는 물어보지도 않았잖아요."

"아빠도 어쩔 수 없었어. 사이좋게 지내도록 해라."

"그런 건 미리 말해주셨어야죠. 갑작스럽게 그러시면 어떡해요?"

"몇 번이나 같은 말을 해야 하니? 정말 신경 쓰이게 하는구나."

"그래도….'

"정말 배려라는 것을 모르는 아이구나. 오죽하면 우리 집으로 오겠니?"

"…."

아이에게 무조건 부모의 말을 따르게 할 것이 아니라 이런 경우에는 어떻게 하면 좋을지, 아이는 어떻게 생각하는지 의논을 하고 함께 생각해보는 것이 좋다. 설령 결론이 정해져 있다 하더라도 아이의 공감을 얻을 수 있도록 대등한 관계에서 이야기를 들어보는 태도가 중요하다. 그러면 아이는 분명 나름대로 부모의 입장에서 열심히 생각하고 공감할 것이다.

"의논하고 싶은 게 있단다."

"네 의견은 어떠니?"

"너라면 어떻게 하겠니?"

미리 결론을 내지 말고 아이 스스로 생각하게 하고, 아이의 의견이나 감상을 공감하고 받아들이며, 대등한 관계에서 이야기를 주고받는 것이 아이와 의논하는 가장 이상적인 태도다. 아이의 의견을 듣고 난 뒤에는 "역시 물어보길 잘했구나", "정말 도움이 되었다", "솔직히 얘기해줘서 고맙다"라고 말해준다. 그러면 아이는 가족의 일원으로서 대우받고 있다는 뿌듯함을 느끼게 될 것이다.

집안일을 도와주었을 때 – 아이는 손님이 아니에요

"정말 고마워."

"몰라보겠네."

"아주 깨끗해졌네. 고맙다."

"엄마, 내가 쓰레기통 비웠어요."

"흘리지 않고 제대로 잘 비웠어?"

"네. 저 잘했지요?"

"생색낼 거 없어. 공짜로 밥 먹여주니까 그 정도는 해야지."

아이가 칭찬받고 싶어 집안일을 도와주었을 때 생색낼 거 없다고 말하는 엄마가 있을까? 실제로 그런 엄마도 있다. 이런 엄마들은 고맙다고 하면 될 것을 기어코 한마디 덧붙여야 직성이 풀린다.

반면 공부나 하라며 아무것도 시키지 않는 엄마들도 있다.

"공부나 열심히 해. 집안일은 엄마가 다 할 테니."

아이는 손님이 아니다. 집안일 한두 가지 정도는 아이에게 책임지도록 하자. 집안일이란 걸 해본 적이 없는 아이들은 중·고등학생이 되어서도 부모를 도울 줄 모른다. 이런 아이들은 엄마가 대청소를 하면 신발 정리 정도는 할 법도 하건만 그저 소파에 앉아 TV를 보거나 방으로 들어가 컴퓨터를 시작한다.

그렇다고 나무랄 일도 아닌 것이, 아이가 엄마를 도와 청소를 하지 않는 것은 아이가 나빠서가 아니라 미처 깨닫지 못하기 때문이다. 집안일은 엄마 혼자 하는 일로 인식해버려 그러려니 하는 것이다. 결국 잘못된 습관이 불러온 결과다. 누구 탓을 하겠는가?

어린이 캠프 같은 곳에서 보면 무슨 일이든 자신감 있게 처리하는 아이가 있는가 하면 무엇을 어떻게 해야 할지 몰라 두리번거리는 아이들도 있다. 평소 가정에서 책임을 맡아본 경험이 있고 없고의 차이다.

집안일을 맡아서 해본 경험이 있는 아이는 자신만만하게 할 일을 찾아서 척척 해내지만 엄마의 지시만 받아온 아이는 모든 것을 귀찮아 한다. 이런 아이들은 자유시간을 주어도 무엇을 해야 할지 몰라 기껏 한다는 것이 집에서 가져온 휴대용 게임기로 게임을 하는 일이다.

모든 것을 직접 다 해주고 아이에게 아무것도 시키지 않으면 당장은 아이가 편할지 모르나 결과적으론 아이들의 자립심을 꺾어버리는 것이다. 지시만 받아온 아이는 자신이 하고 싶은 일이 있어도 몸을 움직이려 하지 않는다. 아이의 미래를 위해서라도 청소나 설거지, 간단한 요리 등은 시키는 것이 좋다. 이것이 자립심을 기르는 첫걸음이다. 아이가 경험하는 성취감은 서로 돕는 기쁨을 느끼게 하고 가족의 한 사람이라는 것을 확인시켜주는 중요한 요소다. 따라서 작은 집안일 하나에서도 성취감을 느낄 수 있는 환경을 만들어주어야 한다. 이때 필요한 것은 역시 진심이 담긴 감사의 말이다.

"우리 딸 덕에 엄마가 좀 쉴 수 있겠는걸."

"정말 고마워."

성적이 떨어졌을 때 – 함께 고민하며 해결책을 찾아요

"지난번보다 성적이 많이 떨어졌구나. 네 생각엔 왜 그런 것 같아?"

"실망이 크겠네. 엄마가 어떻게 도와주면 될까?"

"열심히 했구나. 틀린 문제는 다시 잘 풀어보고 다음엔 실수하지 말거라."

지난번보다 성적이 떨어진 하연이가 슬그머니 성적표를 내밀었다. 표정에는 벌써 근심이 가득하다.

"아니 이걸 점수라고 받아온 거야? 정말 큰일이다."

"…."

"네가 이런 식으로 공부를 하는데 내가 무슨 낯으로 돌아다니겠니?"

"…."

"하연아, 엄마는 네가 공부 잘하는 맛에 산다고 했지? 네가 공부 잘하는 것이 엄마 기를 살려주는 일이야. 알아?"

"응. 알아."

"그럼 어떻게 해야 되는지 알지? 열심히 해서 다음번엔 100점 맞아야 해. 알았어?"

"응."

하연이는 '엄마를 실망시켰으니 난 사랑받을 자격도 없어' 라며 엄마의 기대를 충족시키지 못했다는 자책감에 빠져든다.

이런 경우라면 다행히 다음 시험에서 성적이 올라간다 하더라도 아이 스스로 보람을 느끼기보다는 엄마를 기쁘게 했다는 사실에만 안도하는 성취욕이 부족한 아이가 되기 쉽다.

낮은 점수, 떨어진 성적표를 받은 아이는 자책하는 경우가 많다. 이럴 때 아이에게 화를 내거나 실망스러워하는 표정을 보이면 아이는 더욱 더 자신감이 떨어지고 심지어 부모를 원망하기도 한다.

아이가 학교 공부를 어려워하고 낮은 성취도를 보일 때는 성적에만 연연하지 말고 아이의 학습법에 문제점이 있는지와 같이 그 원인을 알아내 아이가 잘할 수 있도록 용기를 북돋주는 것이 바람직하다.

"지난번보다 수학 성적이 많이 떨어졌구나. 네 생각엔 왜 그런 것 같아?"

"모르는 문제를 너무 오래 잡고 있었어요."

"시간 분배를 못 했구나. 몰라서 틀린 것도 아니고… 실망이 크겠는걸?"

"네. 적당히 하고 넘어갔어야 하는데, 그게 잘 안 돼요."

"그래? 그럼 엄마가 어떻게 도와주면 될까?"

"제가 문제 풀 때 2분 간격으로 '그만!' 하고 말해주시면 어때요?"

"좋은 생각인데? 좋아 한번 해보자."

아이에게 언제든지 도움을 줄 것이며 부모의 사랑은 아이의 성취와는 상관없이 무조건적이라는 것을 알려주는 것이 좋다. 따라서 평소 잘한 결과만을 칭찬하지 말고 노력하는 과정을 칭찬해주는 것이 중요하다. 자신의 노력

을 칭찬받은 아이는 성적이 떨어지더라도 '내 노력이 부족했나?'라는 생각
으로 더 분발한다.

물론 낮은 점수를 받은 아이에게 무턱대고 "다음엔 잘해라"라고 말하는
것은 좋지 않다. 이것은 격려가 아니다. 크게 좌절하고 있는 아이에게 "사
람은 누구나 실수할 수 있어. 항상 잘할 수는 없는 거니까 성적이 조금 떨어
졌다고 해서 너무 좌절할 필요는 없어"라고 말하는 것은 분명 용기를 북돋
아준다. 하지만 아이의 상황과 상관없이 무조건 격려하다보면 아이는 반성
하지 않고 안주하려는 모습을 보이게 된다. 예를 들어 격려에만 익숙해진
아이는 70점 맞은 시험지도 자랑스럽게 내보인다는 것이다. 그러면 아이의
지속적인 발전을 기대하기 어렵다. 이럴 때는 지난번보다 성적이 올랐다면
우선 "열심히 했구나"라고 칭찬해준 다음 "틀린 문제는 다시 잘 풀어보고
다음엔 실수하지 말거라"라고 지적해준다. 또, 성적이 떨어졌다면 문제가
무엇인지 함께 고민해보는 것이 좋다. 이런 방법이 아이의 노력을 인정하면
서 더 높은 목표를 세우도록 이끄는 방법이기 때문이다.

아이들은 부모로부터 "잘했다", "못했다"라는 평가보다 관심을 받고 싶어
한다. 따라서 격려 한마디에도 아이가 관심을 받고 있다고 느낄 수 있도록
해주어야 한다.

명심해야 할 것은 아이의 점수나 결과만 보고 바보 취급하지 말아야 한다
는 것이다.

“넌 이런 것도 모르니?”

과연 엄마에게 바보 취급을 당하는 아이가 공부를 더 열심히 해야겠다고 결심할 수 있을까?

“어쩔 수 없어요. 난 머리가 나쁘니까.” 하며 반감만 커질 게 뻔하다.

시험 전에 말을 건넬 때 – 가장 불안한 사람은 아이에요

“열심히 준비했으니까 잘할 거야.”
“평소대로만 하면 돼!”

시험이 다가오면 아이들보다 엄마들 마음이 급해진다. 다른 날보다 TV를 더 오래 보는 것 같고, 컴퓨터 게임을 더 자주 하는 것처럼 느껴진다. 학교 갔다 오면 씻고 공부를 시작했으면 하는 마음이지만 그날따라 아이는 씻으려고도 하지 않는다. 정말 시험에 관심이나 있는지 걱정스런 마음이 앞선다. 조급한 마음에 엄마의 신경은 날카로워진다. 엄마의 목소리에는 점점 신경질이 섞이기 시작한다.

“진영아, 어서 씻고 공부 좀 하자.”

“네. 잠깐 이것 좀 하고요.”

“지금 그거 할 시간이 어디 있어. 공부부터 해!”

"잠깐이면 돼요."

"몇 번을 말해야 알아듣겠니? 옆집 애는 시키지 않아도 자기가 다 알아서 한다더라."

"나도 알아서 해요."

"네가 뭘? 알아서 하는 걸 보질 못했다. 이번에 성적 떨어지면 알아서 해. 게임기고 뭐고 국물도 없을 테니까."

"그런 거 안 사줘도 돼요! 나 공부 안 할 거예요."

"이 녀석아! 공부를 나 위해서 하니? 다 너 잘 되라고 이러는 거야. 어서 와서 책 펴지 못해!"

아이는 자신을 위해서 공부하는 거라고 생각하지 않는다. 엄마와 아빠의 기뻐하는 모습을 보기 위해서 공부한다고 해도 과언이 아니다. 아이가 꿈을 갖고 그 꿈을 이루기 위해서 스스로 공부하는 것이 가장 좋은 모습이지만 초등학교 저학년에게 그런 모습을 바란다는 것은 무리가 아닐 수 없다. 따라서 단기적인 목표와 계획을 세우되 아이 스스로 공부할 수 있도록 도와주는 것이 현명한 방법이다.

먼저 편안한 옷으로 갈아입게 한다. 불은 모두 끄고 책상 위의 스탠드만 켜 밝게 비추도록 한다. 책상 위에 쓸데없는 것이 있다면 모두 치운다. 책상 위에는 아무것도 없어야 한다. 이 세 가지만 지켜도 즉시 공부를 시작할 수 있다. 아이에게 공부하라고 무작정 강요하기 전에 아이와 함께 공부에 집중할 수 있는 환경을 만들어보자.

공부할 환경을 조성해준 다음에는 공부할 시간을 정해준다. 예를 들면 "20분 공부하고 쉬도록 하자"라는 식으로 말이다.

인간의 집중력은 대개 15분 정도밖에 되지 않는다고 한다. 일본의 경우 프로그램 중 15분마다 한 번씩 광고를 내보내는데, 이것 또한 인간의 집중력이 지속되는 시간을 반영한 전략이다. 시청자를 계속해서 TV 앞에 붙어 있게 하려는 하나의 방법인 것이다. 그러므로 아이들에게 처음부터 너무 많은 시간을 지속해서 공부하라고 강요하지는 말자.

집중도 안 되는데 억지로 앉아 있는 것보다는 단 15분, 20분이라도 바짝 집중해서 공부하는 편이 훨씬 효과가 있다. 그 시간을 넘어서면 아이들은 산만해져 딴짓을 할 것이 분명하다. 지루하게 긴 시간 동안 억지로 한 공부보다는 짧게, 반복적으로 공부한 지식이 더 오랫동안 기억된다.

또한 시험 당일, 집을 나설 때 아이를 대하는 태도는 더욱 중요하다.

"시험 잘 봐야 해."

"어제 틀린 부분 꼭 조심하고!"

"전처럼 실수하면 안 돼!"

긴장한 나머지 엄마가 하는 이와 같은 말들은 아이들을 더욱 불안하게 하여 오히려 실수를 저지르게 할 수 있다. 어느 광고 내용처럼 시험 성적 때문에 가장 속상한 사람은 바로 아이들이다. 쓸데없이 부담을 주는 말은 삼가

자. 엄마의 말은 아이를 편안하게 해주는 말, 믿어주는 말이면 충분하다.

"열심히 준비했으니까 잘할 거야."

"평소대로만 하면 돼!"

그러면 아이는 좀 더 편안한 마음으로 시험을 치를 수 있을 것이다. 안정된 마음으로 본 시험이 결과까지 좋다면 아이는 점점 공부의 맛을 알게 될 것이다. 시험을 앞두고는 어른도 긴장하게 된다. 아이가 시험을 치르기 전에는 평소보다 더 말에 신경을 써서 아이가 편안한 마음을 가질 수 있게끔 지혜를 발휘하자

03

행동이 반듯한 아이로 키우는 엄마의 한마디

꾸짖을 때, 혼내야 할 때 – 1대 7의 법칙

화를 참지 못해 소리를 버럭 지르지는 않는가?

따지듯 앙칼지게 말하지는 않는가?

비꼬거나 비웃는 목소리는 아닌가?

많은 부모들이 아이를 칭찬하는 데는 느리고 꾸짖는 데는 빠르다. 반면 절대 아이를 혼내지 않는 부모도 있다. 기죽이기 싫다는 이유에서다. 하지만 칭찬에는 인색한 채 잘못만을 지적하고 자주 꾸짖는 것이나, 무조건 칭찬만 하는 경우 모두 아이에게 정서적 결핍을 가져온다. 그래서 전문가들은 아이에게 한 번 잘못을 지적할 때 일곱 번 칭찬하는 '1대 7의 법칙'을 이상적인 교육법이라고 한다.

하루 종일 부모에게 잘못을 지적당하고 하는 일마다 꾸지람만 듣는 아이를 상상해보라.

"아직도 안 일어난 거야? 도대체 언제까지 엄마가 깨워야 하니?"

"밥 먹기 싫어? 식탁에 똑바로 앉지 못해?"

"책가방은? 자기 전에 챙겨놓으라고 엄마가 말했어, 안 했어?"

"내가 하지 말랬잖아? 넌 도대체 누굴 닮아서 이 모양이니?"

아이가 잘못된 말과 행동을 할 때마다 무작정 혼을 내면 아이는 반발심만 갖게 될 뿐 정작 부모가 하는 말은 귀에 들어오지 않는다. 물론 부모는 아이의 잘못을 고쳐주어야 한다는 의무감에 아이가 잘하는 것보다 잘하지 못하는 부분이 눈에 더 들어오기 마련이다. 하지만, 매사에 야단을 맞는 아이는 좀 더 잘해야겠다는 생각을 하지 못한다. 오히려 점점 자신감이 떨어지면서 이번에는 또 어떤 일로 혼이 날지 몰라 늘 불안해 한다.

아이를 혼내는 이유는 실수와 잘못을 통해 올바른 결정과 판단을 내리는 법을 배우고, 자신의 행동에 따른 결과를 책임질 줄 아는 사람이 되도록 도와주기 위해서다. 그러나 위와 같은 꾸지람은 아이에게 어떤 결정과 판단을 내려야 하는지 가르쳐주기보다 아이의 자긍심만 짓눌러 버린다.

반면, 아이가 잘못을 해도 지나치게 관대한 엄마가 있다.

"크면 잘 알아서 하겠지."

"내가 참고 말지."

지나치게 관대한 부모들을 보면 대개 마음이 약하고 여리다. 이런 엄마들은 아이가 잘못된 행동을 할 때 야단치려니 마음 아파서 내가 참고 만다는 생각으로 넘긴다. 그러나 이건 결코 아이를 위한 행동이 아니다. 오히려 부모 자신을 위한 태도다. 자기 마음 아픈 것을 피하기 위해 아이의 잘못에 질끈 눈을 감아버리는 것이다. 아이를 진정으로 위한다면 마음의 고통은 참고, 올바른 사람으로 자라도록 냉철하게 이끌어주어야 한다.

혼을 낼 때도 기술이 필요하다. 화를 내는 것과 혼을 내는 것을 구분할 수 있어야 한다는 말이다.

혼을 낼 때는 아무런 감정도 싣지 않은 낮고 단호한 목소리로 말하는 것이 좋다. 이러한 목소리는 상황을 조절하는 힘을 가지고 있어서 아이가 자기 잘못에 대해 깊이 반성하게 만든다.

'내가 정말 잘못했구나. 앞으로는 하지 말아야겠다.'

엄마가 화난 목소리로 소리를 지르면 아이는 자신의 잘못에 대해 생각하기보다 엄마의 감정을 먼저 생각하게 된다.

'내가 지금 야단을 맞는 이유는 엄마가 화났기 때문이야. 엄마는 지금 괜히 나한테 화풀이를 하고 있어.'

화가 나서 아이를 꾸짖는 엄마의 행동은 아이에게 반발심만 가지게 할 뿐이다. 따라서 만약 화가 너무 많이 나서 이성을 잃고 소리를 지르거나 과도한 벌을 줄 것 같으면 우선 화가 가라앉을 때까지 자리를 피하고 기다리는 것이 좋다.

아이를 꾸짖기 전에 한번 돌이켜보자.

화를 참지 못해 소리를 버럭 지르지는 않는가?

따지듯 앙칼지게 말하지는 않는가?

비꼬거나 비웃고 있지는 않은가?

형제, 자매끼리 싸울 때 – 중재에도 때가 있어요

"너희들 싸움이니까 알아서 해결해. 엄마는 잠깐 산책하고 올 테니까."

"이럴 때 엄마라면 어떻게 할지 들어볼래?"

"화가 난다고 다른 사람을 때리는 건 절대 안 돼."

아이들의 싸움은 사소한 것에서 비롯된다. 장난감을 두고 옥신각신 말다툼을 벌이던 영수와 영재 형제는 급기야 치고받는다. 엄마는 어떻게든 화해를 시키고자 중재에 들어간다. 하지만 싸움은 쉽게 진정되지 않는다. 슬슬 짜증이 난 엄마는 처음에는 냉정하게 대처하다가도 점점 감정이 격해져 결국 고래고래 소리 지르고 만다.

엄마 : 왜 싸우니? 누가 먼저 그랬어?

동생 : 형이 먼저 때렸어요.

형 : 전 안 그랬어요.

형 : 영재가 허락 없이 내 물건을 마구 만지잖아요.

엄마 : 동생이 남이냐? 네가 형이니까 참아야지.

형 : 내가 뭘 어쨌다고 엄마는 나만 가지고 그래요?

엄마 : 왜 그러는지 몰라서 물어? 형이니까 모범을 보여야지 동생이 너를
본받지. 모범은커녕 허구한 날 싸움질이나 해대는데 엄마가 가만
히 보고 있으란 말이야?

형 : 영재가 나한테 어떻게 하는지 엄마는 모른단 말이에요. 난 동생이
아예 없었으면 좋겠어요!

형제들이 싸울 때 부모는 귀찮은 마음에 "네가 형이니까 참아야지", "동
생한테 양보해라"는 식으로 말하며 빨리 상황을 진정시키려고 한다. 아이
들은 자기 잘못은 숨기고 억울한 부분만 이야기하려 든다. 특히 궁지에 몰
리면 야단맞을 것이 두려워 거짓말을 해서라도 자신을 변명하는 말을 늘어
놓기 마련이다.

따라서 아이들이 늘어놓는 변명에 귀를 기울여 잘잘못을 따지는 것은 시
간 낭비다. 누가 먼저 싸움을 시작하고 누가 누굴 때렸는지 부모가 직접 보
지 못한 상황이라면 싸운 아이들을 똑같이 혼내야 한다. "네가 형이니까 참
아야지", "동생을 왜 때리니?", "누나에게 대들면 안 된다고 했잖아"와 같이

한 아이만을 나무라는 것은 좋지 않다. 일방적으로 한 아이만 궁지로 몰아넣는 결과를 낳기 때문이다.

사람은 감정의 동물이므로 화를 내는 것은 자연스럽고 당연하다. 이럴 때는 아이의 감정을 모른 체하지 말고 "네가 동생이 싫다는 말을 할 정도면 그럴 만한 이유가 있을 거야. 가끔은 동생한테 화가 날 수도 있어. 무슨 일 때문에 동생이 싫다는 생각이 들었니?"라고 아이들이 이야기할 틈을 마련해준다. 이렇게 아이의 말에 먼저 공감하는 모습을 보이면 엄마가 자신의 마음을 이해해준다고 느껴 무슨 일 때문에 싸웠고 뭐가 문제인지 이야기하기 시작할 것이다. 중재는 그 다음이다. 중재를 할 때는 싸운 것 자체가 잘못된 일임을 강조해서 문제해결에 초점을 맞춰야 한다.

"누가 먼저 시작했건 싸움을 한 건 너희 둘 다 잘못이야."

또 중재가 여의치 않은 상황이라면 다음 사례와 같이 해보는 것도 좋다.

현정이 엄마는 아이들이 싸우기 시작하면 밖으로 나간다. 아이들끼리 해결할 수 있도록 자리를 마련해주려는 의도다.

"너희들 싸움은 알아서 해결해. 엄마는 잠깐 산책하고 올 테니까."

한 시간쯤 있다가 돌아오면 아이들은 어느새 싸움을 멈추고 사이좋게 놀고 있다.

"어머! 우리 딸들 그새 사이좋게 놀고 있네."

아이들은 의견 충돌을 일으키는 과정에서 서로 협상하고 문제를 해결하는 방법을 터득한다. 따라서 아이들의 다툼에 부모가 함부로 끼어들지 않는 것도 좋은 방법이다. 아이들이 싸울 때마다 항상 부모가 개입하여 대신 해결해주면 아이들은 다른 사람과 의견이 다를 때 어떻게 해결해야 하는지 배울 기회를 놓치게 된다. 어떻게 하면 서로가 조금씩 양보하면서 각자 원하는 것을 얻을 수 있는지 아이들이 스스로 터득하도록 인내심을 가지고 지켜보자.

다툼이 길어지고 아이들끼리 타협점을 찾지 못하고 있다면 "이럴 때 엄마라면 어떻게 할지 들어볼래?", "엄마가 좀 도와줄까? 엄마가 두 가지 보기를 줄 테니까 어떤 게 좋을지 한번 생각해봐"라고 의견을 제안하는 것도 좋다.

말대답을 할 때, 말꼬리를 잡고 늘어질 때
– "왜요?"라고 묻는 두 가지 이유

"왜 하면 안 되는지 말해줄게."
"네가 그 일을 하면 어떻게 되는지 말해줄게. 그래도 하려면 해."

꼬물거리는 입으로 엄마에게 이것저것 이야기하는 아이들을 보면 너무나 사랑스럽다. 세상에 궁금한 것들이 저렇게도 많을까 싶기도 하고 언제 저렇게 컸을까 하는 생각에 뿌듯하기도 하다. 그런데 이렇게 사랑스러운 모습으로 은근히 엄마들의 부아를 돋울 때가 있다. 바로 "왜요?"를 남발할 때다. 일찍 자라고 해도 "왜요?", 이를 닦으라고 해도 "왜요?" 엄마들은 이런 때 "왜요"소리만 들어도 신경질이 나는 '왜요병'에 걸린다. 보통 엄마 말에 아이들이 "왜요?"라고 묻는 데는 두 가지 이유가 있다. 하나는 정말 이유를 몰라서 묻는 것이고, 또 하나는 하라는 대로 하기 싫다는 의미다.

아이는 무조건 복종해야 한다고 생각하는 부모가 있다. 부모의 말을 그대로 따라주었으면 좋겠는데 아이는 이것저것 구실을 삼는다. 이런 부모의 경우 아이들이 "왜요?"라고 물었을 때 대답은 정해져 있다.

"왜는 뭐가 왜야? 말대꾸하지 말랬지? 엄마가 시키면 잠자코 해."

"엄마가 하라면 하는 거지 무슨 잔말이 그렇게 많니?"

"엄마 말에 토 달지 말고 그냥 시키는 대로 무조건 하면 돼."

충분한 이유도 설명하지 않은 채 무조건 아이의 복종만 강요하는 이런 대화 방식은 당장은 효과적으로 보인다. 하지만 계속되면 아이는 점점 반항하기 시작하고 이 때문에 부모와의 관계도 악화된다. 문제는 이런 아이들은 성인이 되어서도 인간관계에 어려움을 겪는다는 것이다. 예를 들어 직장 상사를 대할 때도 반항적인 태도를 보이거나 반대로 무조건 순응하는 '예스맨'이 되는 경우가 많다. 어렸을 적 부모의 말에 항상 위축되어 있던 기억 때문에 부당한 요구에도 "아니오"라는 말을 하지 못하는 것이다. 따라서 아이가 시키는 대로 군소리 없이 한다고 자랑할 일이 결코 아니다.

아이에게 복종이 아닌 협조를 이끌어낼 줄 알아야 한다. 아이에게 "무조건 안 된다", "하지 말라"라고 하는 대신 왜 하면 안 되는지, 그 행동을 했을 때 어떤 결과가 오게 되는지 가르쳐 스스로 선택할 수 있는 능력을 길러줘야 한다.

무조건적인 복종을 강요받은 아이는 자신의 의지와 상관없이 부모의 명령에 따라 당장 그 순간에만 복종하고 부모가 보지 않을 때는 지적받았던 행동을 몰래 다시 한다. 반대로 엄마에게 협조를 요청받은 아이는 자발적으로 참여하며 스스로 판단을 내리기 때문에 문제가 되었던 행동을 다시는 하지 않는다. 아이가 말대답하는 것을 버릇이 없다고 생각하지 말아야 하는 이유가 여기에 있다. 자기 의사를 표현할 줄 아는 아이, 자신이 선택한 일에 책임을 질 줄 아는 아이로 키우기 위해서는 아이의 말대답에 납득이 가도록 설명해줄 수 있는 인내가 필요하다.

물론 일일이 설득하기보다는 딱 끊어야 하는 경우도 있다. 엄마가 하는 말마다 말꼬리를 잡고 늘어지며 떼를 쓰는 경우다.

"나도 엄마 따라가면 안 돼?"

"안 돼."

"왜 안 되는데?"

"왜냐하면 아이들이 가는 곳이 아니거든."

"그런 게 어딨어? 나도 가고 싶어."

"가고 싶어도 갈 수 없어. 아이들이 가는 곳이 아니니까."

"왜 아이들이 못가?"

"아이들이 시끄럽게 굴면 안 되기 때문이야."

"왜 시끄럽게 하면 안 돼? 나도 갈 거야."

"가봤자 어른들만 있어서 넌 재미없을 거야."

"왜 재미없어? 게임하면 되잖아."

"집에서 게임하며 놀고 있어!"

"싫어. 나도 따라갈래."

"안 된다니까!"

"조용히 한다고 했잖아. 나도 갈래."

이처럼 말꼬리를 잡고 늘어지며 떼를 쓸 때는 일일이 대꾸할 것이 아니라 "안 돼"하고 단호하게 말하는 것이 좋다. 아이들이 하는 말에 일일이 대답을 하면 아이를 이해시키기는커녕 말싸움만 하게 된다. 아이는 무조건 떼를 쓰고 싶은 것이기 때문이다.

이럴 때는 아이에게 하나하나 이유를 설명해줄 필요가 없다. 이때의 "왜요?"는 이유를 설명해달라는 뜻이 아니기 때문이다. 그 말속에는 엄마가 하라는 대로 하기 싫다는 의미가 담겨 있다. 이런 아이에게 자상하게 아무리 이유를 설명한들 들을 리 만무하다. 이때는 원하는 말을 반복적으로 전달하는 것이 효과적이다.

"나도 엄마 따라갈래."

"오늘은 안 돼!"

"왜 안 되는데?"

"다음에 우리 가족끼리 가자. 오늘은 안 돼!"

"왜 안 돼? 나도 가고 싶단 말이야."

"가고 싶겠지만 오늘은 안 돼! 엄마 다녀올게."

이때 무작정 안 된다고만 하는 것이 아니라 다음에 함께 할 수 있 다는 말을 덧붙여 아이의 마음을 헤아려준다. 아이가 말꼬리를 잡더라도 무시하고 엄마의 의견만 반복해서 말한다. 아무리 떼를 써도 소용없다는 메시지를 강력하게 전하는 것이 포인트다.

도벽이 있을 때 – 사실대로 말해줘서 고마워

"엄마가 궁금해서 그러는데 친구 필통은 왜 가져왔어?"
"돈이 필요하면 얘기해. 심부름 값으로 엄마가 특별 용돈을 줄게."

남의 물건을 훔치는 행위는 만 5~8세의 아이들에게 흔하게 일어나는 일이다. 특히 여자 아이보다 남자 아이에게서 더 많이 볼 수 있는 현상이다. 만 3세 이하의 아이들은 아직 내 것과 남의 것을 구별하지 못해 이런 경우가 생긴다. 이와 달리 만 3~7세 아이들은 욕구통제능력이 없어, 가지고 싶은 것을 보면 참지 못하고 훔친다.

초등학교에 들어갈 나이가 되면 남의 물건을 허락 없이 가져오는 것이 옳지 못한 행동이라는 것을 알게 된다. 이때는 대개 '호기심 때문에', '돈이 없어서', '왕따를 당하지 않기 위해서', '친구들에게 우쭐하려고', '부모의 관심을 끌려고' 남의 물건을 훔치거나 말없이 가져 오는 경우가 많다.

어느 날, 대호 엄마는 지갑에서 돈을 꺼내다가 고개를 갸웃했다. 생각보다 적게 들어 있다는 느낌이 들었지만 기억력이 흐려지는 것을 탓하며 넘어갔다. 그러나 다음 날 또 그랬다. 비슷한 금액의 돈이 없어졌다. 갑자기 마음이 덜컥 내려앉았다.

'혹시 대호가? 그럴 리가 없어. 얼마나 착한 아이인데. 내가 썼을 거야. 어디다 썼더라~.'

아무리 생각해도 이상하다고 생각한 엄마는 대호를 유심히 지켜보았고 결국 대호의 짓임을 알아냈다.

"네가 엄마 지갑에서 돈 빼갔지? 왜 그랬어?"

"아니야. 안 빼갔어요."

"얘가 거짓말까지 하네. 네가 도둑이야? 왜 가져갔어?"

"안 가져갔다니까요."

"경찰서에 잡혀가고 싶어? 도둑질하면 나쁜 사람이라고 엄마가 그랬어,

안 했어?”

“그랬어요.”

“그런데 알면서 왜 그랬어?”

“저….”

“어서 말해봐. 솔직히 말하면 엄마가 아빠한테도 얘기 안 하고 용서해줄게.”

“친구들 아이스크림 사주려고….”

“뭐? 친구들이 너보고 아이스크림 사달라고 윽박질렀어? 누구야 누구?”

“그게 아니라요. 애들이 나랑 안 놀아줘서….”

대호의 목소리가 기어들어간다. 갑자기 화를 내거나 소리를 지르며 “왜 그랬어?”라고 윽박지르면 아이는 겁이 나서 그 순간을 모면하려는 생각에 거짓말을 하거나 얼버무린다. ‘왜?’라는 말을 강조하며 잘못을 추궁할 경우 아이는 엄마에게 혼난다는 두려움 때문에 머뭇거리다가 무조건 하지 않았다고 변명을 하기 마련이다. 비슷한 방법으로 계속 추궁해 사실을 알았다고 하더라도 억지로 잘못을 인정하는 것에 불과하다.

“네가 도둑이니?”, “경찰서에 잡혀가고 싶어?” 하는 식으로 어른들의 도덕적 잣대를 들이대며 으름장을 놓는 것도 좋지 않다. 아이에게 죄의식이나 두려움, 수치심만 키울 뿐이다. 아이가 잘못했을 때 새로운 가르침을 주는 기회로 활용하려면 문제 행동을 한 이유를 알아내어 해결하는 것이 중요하다.

“엄마가 궁금해서 그러는데 어디에 쓰려고 돈을 가져간 거니?”

“…”

“우리 대호가 뭐하느라고 그 돈이 필요했을까?”

“친구들이 나하고 안 놀아줘서 아이스크림 사주면서 같이 놀려고요. 잘 못했어요.”

“사실대로 말해줘서 고마워. 그리고 잘못을 인정하는 건 용기 있는 행동이야. 이번엔 잘못을 했지만 대호가 다음에는 안 그럴 거라고 엄마는 믿어.”

엄마의 격려는 아이에게 사실대로 말하길 잘했다는 확신을 준다. 그러므로 먼저 아이를 격려한 후 이미 벌어진 문제를 어떻게 해결하는 것이 좋을지 아이와 함께 해결책을 찾는 것이 올바른 순서다.

“친구들과 아이스크림을 사 먹고 싶었구나. 그럴 때는 어떻게 하는 게 좋을까?”

“다음에 돈이 필요하면 엄마한테 왜 돈이 필요한지 얘기해. 그러면 네가 집안일을 돕는 대신 용돈을 줄게.”

아이가 물건을 훔치는 일이 한두 번 있었다고 해서 곧바로 도벽으로 이어지는 것은 아니므로 무작정 호통을 치기보다는 차분한 어조로 아이에게 왜 그랬는지 묻고 해결 방법을 찾아야 한다는 것을 잊지 말자. 남의 물건을 가져오거나 돈을 훔치는 행위는 대개 호기심 때문이다. 아이들이 성장하는 과정에서는 흔히 있는 일이므로 창피해하거나 당황하지 말고, 소유에 대해서

차근차근 설명해주도록 한다. 하지만 물건을 훔치는 행위가 여러 차례 반복되거나, 물건을 훔치고도 죄책감이 없는 경우에는 문제가 된다. 특히 초등학교 고학년 이상의 아이일 경우에는 전문가의 도움을 받도록 하는 것이 좋다.

아이가 거짓말을 할 때 – 엄마가 먼저 거짓말을 하고 있지는 않나요?

"지금 거짓말을 하고 있구나."
"엄마는 널 사랑하지만 거짓말은 용서 못 해. 무척 실망스럽구나."

아이들은 보통 네 가지 이유에서 거짓말을 한다.

첫째, 진실을 말해도 인정받지 못할 것이라는 생각 때문에

둘째, 부모의 유도 심문 때문에

셋째, 솔직하게 말하면 야단을 맞는다는 걱정 때문에

넷째, 상상의 세계와 현실의 세계를 혼동하여

아이가 거짓말을 했을 때, 부모는 마치 큰 범죄 사실이라도 목격한 듯이 호들갑을 떤다. 거짓말을 절대로 해서는 안 될 나쁜 행동이라고 생각하기 때문이다. 그러나 이러한 도덕적 잣대는 어른들에게나 통하는 것이지 아이들에게까지 곧바로 적용되는 것은 아니다. 어른들은 자신의 욕심을 채우기 위해서, 또는 남을 해치기 위해서 거짓말을 한다. 그러나 아이들의 거짓말

은 그 목적이 악하지 않다.

아이들이 거짓말을 하는 것은 어른들의 책임이 크다. 어른들이 쉽게 저지르는 잘못 중 하나는 아이들이 진실을 말해도 부모가 괜히 의심하는 경우다.

예를 들어 학교에서 돌아오는 시간이 늦어졌을 경우 엄마들은 대뜸 야단부터 친다.

"너, 어디 갔다 이제 오는 거야? 오락실에서 놀다 왔지?"

"아니에요. 오늘 대청소 날이었단 말이에요."

"거짓말하지 마! 대청소는 무슨 대청소야. 아랫집 진수는 벌써 왔는데."

엄마가 이런 식이라면 다음부터 아이는 일부러 엄마가 쉽게 믿을 만한 핑계거리를 준비해 거짓말을 할지도 모른다. 그것이 불필요한 오해도 피하고 야단도 맞지 않는 방법이라고 생각할 테니까 말이다.

아이들이 거짓말을 하는 또 하나의 이유는 부모의 유도 심문 때문이다.

"바른대로 말해. 너 오늘 학원 빼먹었지?"

아이가 학원에 가지 않은 것을 뻔히 알고 있으면서도 곧바로 야단을 치지 않고 이렇게 묻는 부모가 있다. 이런 행동은 아이의 거짓말을 유도하는 것이나 다름없다. 더구나 이렇게 다그치다보면 아이는 거짓말을 무마하기 위해 또 다른 거짓말을 하게 된다.

아이들이 거짓말을 하는 경우는 또 있다. 바로 진실을 말했는데도 엄마들이 화를 낼 때다.

예를 들어 "엄마가 햄버거 만들어주니까 좋지? 사먹는 것보다 맛있지?"

이렇게 물었을 때 아이가 만약 그렇지 않다고 솔직하게 대답한다면 엄마들은 어떻게 반응할까? 웃어넘기는 엄마보다는 "그래? 다시는 안 만들어줄 거야"라고 서운해하는 엄마가 더 많을 것이다. 아이의 대답이 유쾌한 것이든 불쾌한 것이든 그것이 솔직한 것이라면 흔쾌히 받아들여야 한다. 불쾌한 표정을 짓거나 심지어 야단까지 친다면 아이는 엄마가 정직한 것보다 거짓말을 더 좋아한다고 생각하게 된다.

그렇다면 아이가 잘못을 저지르고 솔직하게 말했을 경우에는 어떻게 대처해야 할까?

혼날 것을 알면서도 사실대로 털어놓으려면 커다란 용기가 필요하다. 따라서 설사 벌을 줘야 할 만한 일이라도 타이르는 정도로 넘어가 주는 것이 좋다. 아이가 잘못을 털어놓았을 때 엄마는 먼저 아이를 안심시키고 함께 문제를 해결하기 위해 고민해야 한다. 그러면 다음에 다른 잘못을 하게 되더라도 제일 먼저 부모에게 달려와 의논을 할 것이다.

하지만 잘못을 털어놓았는데도 무조건 야단을 맞은 아이는 잘못이란 용서받을 수 없는 것, 창피하고 수치스러운 것, 덮어두고 감추어야 하는 것이라고 생각하게 된다. 실수는 곧 그 사람 자체에 큰 문제가 있음을 의미하는 것으로 잘못 인식하게 되는 것이다. 그래서 다음에 비슷한 일이 생기면 부모에게 혼이 나는 것이 두려워 거짓말로 상황을 모면하거나 문제를 꽁꽁 숨기려 할 것이다.

사실을 말하고 난 뒤의 결과가 거짓말을 했을 때의 결과보다 좋아야 아이들은 부모에게 마음을 열고 다가온다. 따라서 아이가 잘못을 인정하고 정직하게 털어놓으면 격려해주고, 다음에도 부모를 믿고 고민거리를 털어놓을 수 있도록 이끌어주어야 한다. 이런 부모 밑에서 자란 아이는 실수를 하고 잘못을 저지르는 것은 자연스러운 일이며, 잘못을 인정하면 용서받을 수 있다는 것을 배운다. 또 실수를 통해 새로운 것을 배워 더 나은 사람으로 성장할 수 있다는 것을 깨닫는다.

이 밖에 상상의 세계와 현실의 세계를 혼동하여 거짓말을 하는 아이들도 있다. "창밖에 우주인이 나타났다"라고 하는 것은 어른의 눈에는 거짓말로 보일지 몰라도 아이는 정말로 우주인을 보았다고 믿을 수도 있다. 그러므로 아이는 거짓말을 하고 있는 것이 아니다.

이럴 때는 상상 속의 이야기들을 실컷 할 수 있도록 기회를 주는 것이 좋다. 일상생활에서 허구를 이야기하면 거짓말이 되지만, 허구라는 것을 미리 전제하고 이야기하면 창작이 된다. 이야기의 결말을 바꾸어보게 하거나 앞이야기를 들려주고 뒷이야기를 만들어보도록 하여 아이의 창조력, 창의력을 키워주자.

아이들은 백지와 같다. 고정관념이 없는 아이들은 어른들이 상상하지 못하는 것을 생각해낸다. 위대한 발명가나 예술가들은 어린아이와 같은 상상력을 성인이 될 때까지 유지했기 때문에 남다른 결과물을 얻을 수 있었다. 창의력과 상상력이 뛰어난 아이들의 이야기를 거짓말로 단정 짓기 전에 진지하게 귀를 기울이는 자세가 필요하다.

다른 교육도 마찬가지겠지만, 특히 도덕 교육이나 질서 교육은 부모가 가정에서 솔선수범을 하는 것이 무엇보다 중요하다. 아이들에게 개방적인 태도를 갖고 먼저 신뢰와 정직의 모범을 보여주는 것이 자녀교육에 도움이 된다는 것은 두말하면 잔소리다. 아직 어리다고 생각하여 자녀 앞에서 쉽게 거짓말을 하거나 "엄마 없다고 해" 등의 거짓말을 시키지는 않았는지 되돌아보자.

폭력을 자주 사용할 때 – 아이의 분노 해결법

"이렇게 화가 난 데는 그럴 만한 이유가 있을 거야. 무슨 일 때문에 속상한지 엄마에게 말해봐."
"그래서 우리 슬기가 화가 났구나."
"아마 엄마라도 슬기처럼 속이 상했을 거야."

슬기는 오늘도 같은 반 아이와 싸움을 하고 왔다. 엄마는 쟤가 누구를 닮아서 그러나 싶어 속이 상한다. 여자 아이가 지나치게 왈가닥이라 저래서 시집이나 가겠나 싶기도 하다. 걱정스런 마음에 혼을 내보기도 하지만 슬기는 귓등으로도 들으려 하지 않는다. 그래도 맞고 오는 날은 없었는데 오늘은 강적을 만났나보다. 코피가 흘러 옷 여기저기 핏자국이 선명하다. 결국 폭발한 슬기 엄마, 훌쩍거리는 슬기에게 고래고래 소리를 지른다.

아이들은 싸움을 하면서 친구들과 노는 방법을 배우고, 그 속에서 사회성을 익혀나간다. 그러므로 아이들의 싸움을 두고 지느냐 이기느냐는 전혀 문제가 되지 않는다. 승패에 집착하는 건 어른들이다. 아이에게 중요한 것은 문제를 해결해가는 과정 그 자체다. 따라서 조금 속상하더라도 되도록 간섭하지 말고 지켜보자.

그런데 아이들 중에는 유독 싸움을 자주 하는 아이들이 있다. 대충 양보하고 타협할 수 있는 문제도 꼭 싸움으로 연결시킨다. 이런 현상이 나타나는 이유는 자기 주장이 강해서일 수도 있고, 지나치게 오냐오냐 키워 이기적이기 때문이기도 하다. 특히 언제나 남들보다 특별한 대접을 받아야 만족하는 아이들은 그러지 못할 때 싸움을 하려든다.

더구나 요즘 부모들은 아이가 얻어맞고 들어오면 다짜고짜 한마디 한다.

"어디서 맞고 들어온 거야? 바보같이."

"덩치는 산만 한 게 넌 왜 항상 맞고만 다니니? 내가 밥을 굶겼니, 고기를 못 먹였니?"

"차라리 때려서 치료비를 물어주는 것이 낫지 맞고 들어오는 꼴은 못 봐.

빨리 가서 너도 때려주고 와!"

어느 경우든 남과 겨루었을 때는 무조건 이겨야 한다고 가르치는 부모의 태도가 아이를 주먹질하게 만드는 건 아닐까? 이런 부모 밑에서 자란 아이들은 올바른 사회화 과정을 거칠 수 없다. 사회화란 다른 사람과의 상호 작용을 통해서 목적을 달성해가는 과정이다. 다른 사람들과 조화롭게 지낼 수 있는 인성을 가진 아이로 키우려면 상대의 의견에 귀 기울이고 존중하도록 가르쳐야 한다.

아이가 싸움을 자주 한다면 우선 싸움을 하게 된 동기나 경과를 주의 깊게 지켜보아야 한다. 갈등의 원인이 해결되지 않으면 싸움은 계속될 것이기 때문이다.

보통의 말다툼이나 밀치는 정도가 아니라 매번 폭력을 사용한다면 특별한 지도가 필요하다. 특히 인내심을 가지고 자기 주장을 조리 있게 말해서 상대방을 설득할 수 있는 법을 가르쳐야 한다. 가족 회의를 주기적으로 해서 아이 스스로 자신의 의견을 발표할 수 있는 여건을 만들어주는 것도 좋은 방법이다. 그래도 아이가 계속해서 싸움을 하며 폭력을 사용한다면 어떤 경우든 폭력을 사용해선 안 된다고 강하게 가르쳐야 한다.

또 친구들과 싸울 때가 아니어도 화가 나면 걷잡을 수 없이 폭력적으로 변하는 아이가 있다. 이런 아이들은 주먹을 불끈 쥐고 부르르 떨다가 주위에 있는 물건을 마구 집어던지거나, 소리를 지르거나, 피가 나도록 손톱으로 자기 팔을 긁거나, 주먹으로 벽을 치는 등 화가 나면 참지 못하고 공격적인 모습을 보인다.

사람의 감정은 자연스럽고 당연한 현상이다. 기쁠 땐 탄성을 지르고 슬픈 일이 있으면 우는 것처럼 화가 났을 때의 감정도 표현되기 마련이다. 단지 아이 스스로 화나는 감정을 적절하게 표출하도록 가르치는 것이 중요하다.

그러기 위해서는 부모부터 가정에서 본보기가 되어야 한다.

화가 났을 때 주로 물건을 집어던지는 부모들을 보고 자란 아이는 화가 날 때 물건을 집어던지는게 당연하다고 여긴다. 또, 소리를 지르거나 고함을 질러서 화를 표출하는 가정이라면 아이도 똑같이 소리를 지르게 된다. 화가 났을 때 부모가 욕을 하면 아이의 입도 거칠어진다. 화가 날 때마다 아버지가 술을 먹는 것을 보고 자란 아이는 나중에 성인이 되어 같은 방법으로 분노를 해소할 가능성이 높다. 부모가 아이를 나무랄 때 설득력 있는 말보다 손이 먼저 올라가거나 자녀가 지켜보는 앞에서 아버지가 어머니를 폭행한다면 아이는 친구나 형제들에게 쉽게 폭력을 휘두르게 된다.

아이들은 부모의 말과 행동을 그대로 따라 한다. 그러므로 부모가 화가 났을 때 현명한 방법으로 분노를 해소하는걸 보여주는 것이 백 마디의 말보다 효과적이다.

"엄마가 지금 화가 많이 나 있어. 하나부터 열까지 세면서 심호흡을 할 거야. 그러면 화가 가라앉거든. 하나…둘…셋…넷…."

부모가 이런 식으로 모범을 보이면 아이는 화가 날 때 어떻게 감정을 처리해야 하는지 배우게 된다.

따라서 아이가 화가 나서 어쩔줄 모를 때 "소리 지르지 마!", "한 번만 더 물건 집어던지면 혼날 줄 알아!"라며 같이 소리 지르거나 화내는 것은 결코 옳은 방법이 아니다. "우리 슬기가 이렇게 화가 난 데는 그럴 만한 이유가 있을 거야. 무슨 일 때문에 속상한지 엄마에게 말해봐."라며 우선 아이의 마음을 달래주자. 화가 난 이유를 말하고 나면 함께 호응하면서 아이의 마음을 풀어준다. 그러면 한순간 격했던 감정은 봄눈 녹듯 녹아내릴 것이다.

화가 날 때마다 공격적인 행동을 하는 아이에게 적절한 대처법을 가르쳐주지 않고 무작정 야단만 치면 아이는 더욱 공격적인 성향을 갖게 된다. 달리 어떻게 분노를 표현해야 할지 배우지 못하기 때문이다. 아이들이 화가 났을 때는 침착하게 상황을 파악하고 적절한 대응 방법을 찾는 것이 중요하다.

규칙을 지키지 않을 때 – '이해'가 먼저예요

"오늘은 가족회의를 해서 규칙을 정하기로 하자."
"엄마가 보기에 필요 없다고 생각되는 건 버려도 되니?"
"버려도 되는 것과 버리면 안 되는 것을 나눠놓으렴."

아이를 키우면서 "건강하게만 자라다오"와 쌍벽을 이루는 엄마의 바람은 아마도 "정직하고 바르게 자랐으면…"일 것이다. 그런데 그게 생각보다 만 만치 않다. 우선 아이들에게 규칙을 가르치는 것부터 막막하다. 아이들이 규칙을 잘 지키지 않는 이유는 무엇일까? 아마도 좋아하는 것, 하고 싶은 것을 쉽게 할 수 있고 또 행동도 자유롭기 때문일 것이다.

또한 아이들은 세상의 규칙을 아직 잘 이해하지 못한다. 그런 아이들에게 이 세상은 하고 싶은데 하지 말아야 할 것과 하기 싫어도 해야 할 것으로 가 득하다. 가정은 물론 학교에서도 규칙이 있고 심지어 친구들과 놀 때도 규 칙이 필요하다.

그래서 아이들은 때때로 규칙을 지켜야 한다는 사실을 무시한다. "내 친 구들은 다들 그렇게 해요", "형도 그렇게 하잖아요"라고 하면서.

점심시간도 잊은 채 아이들은 당장 장난감 가지고 노는 것이 좋고, 놀이 터에서 친구들과 노느라 학원을 빼먹기도 한다. 그런 아이들에게 한 번 말 해서 듣기를 원한다는 것부터가 무리다. 그러나 어른과 마찬가지로 아이들 에게도 나름의 규칙은 반드시 필요하다. 어떻게 하면 아이들이 규칙에 대해 잘 이해하게 될까?

가정은 작은 사회다. 규칙은 가정에서부터 지켜져야 한다. 가정에서 규칙 을 잘 지키는 법을 배우면 사회의 규칙에 어긋나는 행동도 하지 않을 것이다.

따라서 부모는 아이가 어리다고 모든 것을 다 허용할 것이 아니라 가정

안에서도 규칙 몇 개쯤은 마련해두는 것이 바람직하다. 규칙을 정할 때는 다음의 세 가지 사항을 유의해야 한다.

첫째, 가족 전원이 모여 충분한 상의를 거쳐 정한다.
둘째, 내용이 합리적이어야 한다.
셋째, 가급적 예외를 두지 않는다.

처음에는 아이들에게 간단한 규칙부터 정해준다. 식사 후 자기 밥그릇을 싱크대에 갖다놓기, 학교 다녀온 후 신발을 반듯하게 벗어놓고 책가방과 옷 제자리에 놓기, 다음 사람을 위해 화장실 깨끗이 정리하기 등이 좋다.

한 번 정한 규칙은 가급적 예외를 두지 않는 것이 중요하다. 평소에는 물건들을 제자리에 놓으라고 닦달하면서도 손님이 와 있을 때는 아무데나 굴러다녀도 별 말을 하지 않는다든가, "아빠가 괜찮다면 괜찮은 거야"라며 예외를 두는 일은 없어야 한다.

특히 남의 집을 아이와 함께 방문했을 때, 난처한 일을 겪을 때가 많다. 아이가 해서는 안 되는 행동을 하려 할 때 자기 집이 아니기 때문에 부모들도 어떻게 해야 할지 몰라 당황하기 때문이다. 이럴 때 그냥 넘어가는 것은 아이에게 혼란을 준다. 이때는 주인에게 양해를 구하고 집에서와 똑같이 행동하는 것이 좋다.

규칙을 정하고 나면 차근차근 실행해나가도록 도와주어야 한다. 아이들에게 처음부터 완벽을 요구하는 것은 무리다. 예를 들어 일주일에 한 번은 스스로 청소하도록 규칙을 정했다고 하자. 물론 처음에는 아이가 잘 실천하지 않을 것이다. 이럴 때는 잔소리를 하지 말고 조용히 도와주는 것이 좋다.

"엄마가 봐서 필요 없는 건 버려도 되니?"

"그러면 버려도 되는 것과 버리면 안 되는 것을 나눠놓으렴."

엄마가 도와주면 아이는 기분 좋게 정리를 시작하고 완벽하지는 않지만 스스로 청소하려는 마음을 갖게 될 것이다. 아이들이 만족할 만한 정리 습관을 들일 때까지는 어느 정도의 시간이 필요하므로 서서히 해나갈 수 있도록 지켜봐 준다.

또 규칙 중에는 설명이 필요한 것들이 많다. 아이들은 무엇을 하고 무엇을 하지 말아야 하는지 알려고 한다. 아이들에게는 중요한 문제이기 때문이다. 무엇을 해도 되고 무엇을 하면 안 되는지 알게 되면, 아이들은 절대로 하지 말아야 하는 것이 무엇인지도 자연스럽게 깨닫게 된다.

하지만 무턱대고 부모의 지시에만 따르라고 하면 아이는 왜 부모의 지시에 따라야 하는지 이해를 못 하거니와 부모의 지시가 왜 중요한지 파악하지 못해 그것을 사소하게 느낄 수 있다. 왜 그렇게 행동하면 안 되는지 그 까닭을 설명해주지 않고 "그렇게 하는 거 아니야", "그렇게 하면 바보 같아", "그러면 못된 아이야"라고 해본들 마음에 닿을 리 없다. 이렇게 되면 아이는 혼나지 않으려고 부모가 있을 때만 말을 듣고, 없을 때는 자기 마음대로 행동할 가능성이 높다.

또한, 아이는 아이대로 부모가 설명도 해주지 않고 못하게 하는 것이 너무 많다고 여길 것이다. 이러면 아이의 반항심만 키울 뿐이다.

아이들은 아무리 똑똑해도 아이들이다. 옳은 것과 그른 것을 제대로 구별하지는 못한다는 이야기다. 옳고 그름을 구별하기 위해서는 더 오랜 시간에 걸쳐 삶의 여러 경험을 거쳐야 한다. 하지만 상황에 대해 올바르게 설명해주면 아이는 부모가 안 된다고 말하는 진정한 이유를 이해하게 된다.

좋은 부모는 아이에게 얼마나 많은 것을 해주는지, 또는 아이에게 얼마나 많은 자유를 주는지에 따라 결정되지 않는다. 때로는 합리적인 지시와 통제를 할 수 있는 부모가 자녀를 옳은 방향으로 이끌며, 진정으로 존경받을 수 있다는 점을 명심하자.

고집을 부릴 때 – 아이와의 힘겨루기

"검은색 바지 입을까? 회색 바지 입을까?"
"치킨 먹을래? 햄버거 먹을래?"

"애가 누굴 닮아서 이렇게 황소고집이야?"

“싫어요. 난 이거 입고 갈 거야.”

“그렇게 입고 갔다간 감기 걸리기 십상이야. 새로 산 코트 놔두고 왜 굳이 가을 옷을 입겠다는 거야?”

“친구들도 아직 코트 안 입는단 말이에요.”

“하루 종일 벌벌 떨고 다니며 엄마 창피하게 만들래?”

“내가 입고 싶은 옷 입는데 엄마가 왜 창피해?”

“너 계속 엄마 속 썩일 거야? 그럼 학교 가지 마! 조그만 게 뭘 안다고 벌써부터 이렇게 까탈스러워!”

엄마는 희정이와 30분이 넘게 실랑이를 벌였다. 결국 엄마가 이기긴 했지만 기운이 다 빠진 엄마는 영 기분이 좋지 않다. 애는 애대로 울면서 학교로 향했다. 엄마는 희정이가 “고집이 세서 탈”이라고 말한다. 그러나 잘 생각해보자. 희정이의 고집이 정말 큰 문제인지.

엄마는 아이가 제대로 입기를 원하는 것이 오로지 아이를 위해서인지 생각해보아야 한다. 아이가 말도 안 되는 옷차림을 했을 때 ‘아이를 이런 옷차림으로 보내다니…’라며 다른 사람들의 눈길을 더 신경 쓰는 것은 아닌지, 아이가 아닌 엄마 스스로의 만족감 때문은 아닌지. 추운 날 가을옷을 입고 하루를 보내도록 놔둔다고 해서 큰 위험이 따르는 것은 아니다. 얇은 옷을 입고 하루를 보내고 나면, 아이 스스로 불편하다는 것을 깨닫게 되면 다음에는 굳이 실랑이를 벌일 필요가 없어진다.

옷을 살 때도 마찬가지다. 엄마가 좋아하는, 엄마가 입히고 싶은 옷을 살 것이 아니라 아이가 원하는 옷을 고를 수 있게 한다면 옷을 두고 벌이는 아침 전쟁도 많이 줄어들 것이다.

아이가 고집을 부려 화가 나고 야단쳐야겠다는 생각이 들 때는 한 번 더 생각해봐야 한다. '이것이 과연 아이에게 문제가 되는 일인가? 아니면 내가 아이에게 지나친 간섭을 하는 것인가?'

아이에게는 별문제가 안 되는데 엄마생각에만 사로잡혀 야단치고 혼내는 것은 옳지 않다. 오히려 적당한 아이의 고집은 다른 시각에서 보면 독립심을 보여주는 것이므로 흐뭇하게 여겨야 할 일이다.

아동심리학자인 케네스 콘트렐 박사는 부모와 아이 사이의 힘겨루기를 피하기 위해 잠깐 뒤로 물러서서 다음과 같은 몇 가지 질문을 스스로에게 던져보라고 조언한다.

- 지금 아이를 야단쳐서 행동을 고쳐주지 않을 경우 일어나게 될 최악의 상황은 무엇인가? 이것이 아이의 장래에 문제가 될 일인가?
- 지금 아이의 행동이 안전을 위협하는 일인가?
- 내 아이가 아닌 다른 아이가 이런 행동을 해도 내가 똑같은 반응을 보일 것인가?

아이가 고른 옷이 눈에 거슬리고 다소 이상해 보일지라도 그냥 내버려두자. 아이의 미래나 안전에 아무런 지장이 없는 일 아닌가.

물론 내버려두어서는 안 되는 고집이라면 단호하게 꺾어야 한다. 횡단보도가 아닌 곳에서 길을 건너겠다고 고집을 부리는 것. 차를 타고서 불편하다고 안전벨트를 매지 않으려 고집을 부린다면 따끔하게 혼내 다시는 그런 행동을 하지 못하도록 해야 한다. 아이의 안전을 위협할 수 있는 '내버려 두어서는 안 되는 고집'이기 때문이다.

요컨대 엄마는 단순히 제멋대로 하려는 것과 주관이 뚜렷하고 의지가 강한 행동은 구분해서 대처해야 한다. 이 세상에 고집 없이 무언가를 이룬 사람은 없다. 고집은 긍정적으로 작용할 때 집념이 되고 투지가 된다. 아이의 고집을 무조건 꺾으려 하지 말고 긍정적인 부분은 살려주어야 한다.

쓸데없는 아이의 고집을 막으려면 선택의 폭을 줄이는 한마디가 필요하다. 예를 들어 "오늘 뭐 먹을래?"보다는 선택의 폭을 줄여서 "치킨 먹을래, 햄버거 먹을래?"라고 물어보는 것이 좋다는 말이다. 치마만 입으려 하는 아이에게 바지를 입히고 싶다면 "오늘 뭐 입을까?"보다는 "검은색 바지 입을까? 회색 바지 입을래?"라고 물어야 한다. 아이에게 스스로 선택하고 결정할 기회를 되도록 많이 부여하는 것이 불필요하게 고집 부리는 것을 방지하는 지름길이다.

버릇없이 행동할 때

– 아이를 '보살피는 것'과 아이에게 '종속되는 것'의 차이

"안 돼! 그러지 마."

"그만해! 더 이상 봐주지 않을 거야."

"많이 달라졌네. 다시 봤어, 우리 딸."

"이런 걸 다 고치다니. 우리 아들 어른이 다 되었네."

출산과 동시에 직장을 그만둔 후배가 있다. 형제가 많은 집안에서 자란 그 친구는 어린 동생들에 치여 부모 무릎에 앉아본 경험조차 없는 것을 내내 아쉬워했다. 그래서 적어도 자신의 아이에게만큼은 하고 싶은 것 다 해주고, 갖고 싶은 것 다 갖게 해주는 엄마가 되리라 공언했다.

그녀의 공언은 사실이 되었다. 아이가 초등학교에 들어갔는데도 그토록 좋아하던 취미 생활을 다시 시작하지 않았고, 아이 없이 밖에서 조금이라도 시간을 보내면 죄책감을 느껴 외부 모임은 좀처럼 가지 않았다. 어쩌다 한 번 약속이 있어 외출 준비를 하다가도 아이가 가지 말라고 해서 못 나가는 경우도 있었다.

외출이 자유롭지 못한 후배는 대신 친분이 있는 사람들을 항상 집으로 초대했다. 그런데 한 번 그 집에 다녀온 사람은 더 이상 방문하기를 꺼렸다. 한없이 기어오르는 버릇없는 아이 때문이었다.

후배는 아이에게 꼼짝 못하는 엄마였다. 아이는 엄마 얼굴에 손을 함부로 갖다 대고 심지어 마구 발길질을 하거나 손으로 때리기도 했다. 또 물어보지도 않고 손님의 가방을 마구 뒤지고 물건들을 끄집어내기 일쑤였다. 아이의 버릇없는 행동은 여기서 그치지 않았다. 조용히 말해도 되는데 고래고래 소리를 질러대고 자신의 이야기를 들어주지 않으면 짜증을 부리며 엄마를 들볶았다.

"저리 가서 놀아. 손님들 가고 나면 해줄게."

후배는 꾹 참으며 타일렀지만 아이는 좀처럼 말을 듣지 않았다. 오히려 으름장을 놓으면서 엄마를 위협했다.

"나 이거 다 부숴버릴 거야!"

"하기만 해봐, 엄마 화낼 거야."

"엄마는 바보, 멍청이야."

아이가 때리며 떼를 쓰자 후배는 잠시 아이가 부탁한 것을 해주고 돌아왔다.

"오냐오냐 했더니 버릇이 없어요. 말도 잘 안 듣고. 제발 숙제 좀 하라고 두 시간은 타일러야 겨우 해요. 하지만 저도 크면 엄마가 저한테 어떻게 했는지 알아주겠죠?"

후배는 아이의 노예처럼 보였다. 아이는 물 한 컵 제 손으로 먹지 않았다.

아이를 '보살피는 것'과 아이에게 '종속되는 것'의 차이는 엄청나다. 아이를 보살핀다는 말은 몇 가지 의무와 책임을 다한다는 말이다. 반면에 아이에게 종속된다는 말은 아이의 노예가 된다는 뜻이다. 이 차이는 엄마의 태도에서 비롯될 가능성이 크다.

후배의 경우처럼 아이에게 아낌없이 다 주려고 하는 부모는 최악의 경우, 자신의 삶은 내팽개치다시피 하면서도 아이에게는 무엇이든 다 줘야 한다는 강박관념에 사로잡힌다. 그러다보니 아이에게 꼼짝 못하는 처지가 될 수밖에 없다. 이렇게 되면 엄마가 아이를 기쁘게 하려고 끊임없이 찾아 다니며 노력해도 아이는 알아주지 않는다. 심지어 부모의 성의를 완전히 무시한다. 그러면서 아이에게 존중받기를 바랄 수 있을까?

아이의 행동이 올바르지 못할 때는 '안 돼'라고 말할 수 있어야 한다. "그래, 그건 괜찮아", "안 돼. 그렇게 하면 안 돼."라며 엄마가 받아들일 수 있는 것과 받아들일 수 없는 것을 아이에게도 분명히 보여줄 줄 알아야 한다.

"안 돼. 엄마는 더 이상 이야기 안 할 거야."

엄마의 입장이 합당하다면 그 입장을 고수할 줄도 알아야 한다. 이렇게 엄마가 자신이 허용하는 것과 그렇지 않은 것을 분명하게 구분하면, 아이도 자기가 해도 되는 것과 해서 안 되는 것을 확실히 구분하고 깨닫는다.

"안 돼"라고 말을 할 때도 알아듣기 쉽고 납득이 가게끔 전달해서 아이가 그 말을 진지하게 받아들일 수 있도록 해야 한다. 아이는 집중하지 않은 상황에서 엄마 혼자 말하는 것은 쇠귀에 경 읽기다. 아이가 분명히 깨달을 수 있도록 진지하게 말하는 것이 중요하다.

아이의 행동은 이미 딱딱하게 굳어버린 것이 아니라 말랑말랑한 상태이기 때문에 언제든지 바뀔 수 있다. 만약 아이의 행동에 변화가 보인다면 칭찬을 해주어서 아이 스스로 뿌듯함을 느낄 수 있게 해야 한다.

"이야~ 우리 딸 다시 봤어, 어른이 다 되었네"라는 칭찬의 말을 아끼지 말자.

친구와 똑같은 것을 사달라고 조를 때 – 반은 엄마가 보탤게

"정 사고 싶거든 네가 스스로 방법을 생각해봐."
"그게 필요하면 이렇게 해보지 그러니?"
"반은 엄마가 보탤게."

아이들은 친구가 가진 장난감이나 학용품, 액세서리 등이 부러워 똑같은 것을 사달라고 조를 때가 많다.

"엄마, 나도 승아가 신은 운동화 신고 싶어요. 사주세요."
"얼마나 하는데."
"7만원쯤?"
"얘가 미쳤나봐. 그럴 돈이 어딨어? 돈 7만원을 아주 우습게 아네."

“다른 애들도 다 그런 거 신는데 뭐.”

“참 배부른 소리 한다. 엄마가 어렸을 땐 새 운동화 신어보기나 한 줄 아니? 무조건 언니 거 물려받아 신었어. 사람이 수준대로 살아야지. 뱁새가 황새 따라 가다가는….”

이런 식으로 얘기를 계속하다보면 아마 아이는 “됐어요. 그만하세요. 다시는 엄마한테 사달라고 하지 않을 테니까”라고 반발할 것이다. 또, 엄마는 엄마대로 화를 내게 돼 분위기는 험악해질 것이다.

그렇다고 무작정 사주는 것도 문제다. 사실 아이의 요구를 모두 받아줄 필요는 없다. 단지 아이의 요구를 무조건 부정하지 말고 갖고 싶어 하는 마음을 이해해주는 것이 필요하다. 사줄 것도 아니면서 장황하게 이야기를 늘어놓는다면 아이의 기분만 상하게 할 뿐이다. 감정을 지그시 누르고 아이의 말을 귀담아듣는 자세가 중요하다.

“엄마, 나도 승아가 신은 운동화 신고 싶어요. 사주세요.”

“운동화를 사달라고?”

“네, 다른 애들도 많이 신었어요.”

“그래? 엄마는 지금 있는 운동화도 충분히 멋있다고 생각하는데.”

“하지만 나만 안 신으면 애들이 촌스럽다고 놀린단 말이에요.”

“네 마음은 알겠어. 하지만 지금은 여유가 없어서 사줄 수가 없어.”

“엄마~ 나 꼭 신고 싶단 말이에요.”

“진짜 여유가 없어. 정 사고 싶거든 네가 스스로 방법을 생각해봐.”

“그럼, 아빠 구두 닦아주고 용돈을 모을까?”

“좋은 생각인데? 한번 해봐. 반은 엄마가 대줄게.”

“정말요?”

엄마가 분명한 태도로 이야기하면 아이는 의외로 고분고분 받아들인다. 만약 사주고 싶다면 “이번 생일에 사줄게”, “크리스마스 선물로 사줄게”라고 절충안을 내놓는 것도 좋은 방법이다.

많은 아이들이 자신만의 작은 왕국에서 산다. 식구들이 하나같이 자기를 떠받드는 모습을 보면서 자기가 집안의 왕이자 대장이라고 생각하기 때문이다. 맞벌이하는 부모들은 대개 아이와 긴 시간 함께 있지 못하는 것을 보상해주고 싶어한다. 그래서 “안 돼!”라고 말하지 못하고 아이가 원하는 것, 가지고 싶어 하는 것을 사주려고 애쓴다. 아이가 해달라는 대로 해주지 않으면 나쁜 엄마가 된 것 같은 죄책감이 들기 때문이다. ‘함께 있어주지도 못하는데…’라고 생각하면서.

집에 있는 엄마들도 아이의 기를 죽이고 싶지 않다는 이유로 아이의 요구에 되도록 맞추려고 한다.

아이의 버릇은 부모가 망친다. 죄책감에, 기죽이기 싫어서 해달라는 것을 다 해주고 오냐오냐 좋은 말만 해주는 것이 정답은 아니다. 이렇게 자란 아이는 성격도 까다롭고, 언제나 투덜대며, 툭하면 화를 내고, 지나치게 의존적인 경향을 보인다.

아이에게 잘해주는 것만큼이나 잘 가르치는 것도 중요하다. 부모의 거절이 아이를 실망시킬 수도 있겠지만 궁극적으로는 도움이 된다는 것을 기억해야 한다. 좋은 엄마는 가장 힘든 순간에도 언제나 아이의 행복을 생각하는 엄마다. 결과를 생각하지 않고 당장 아이가 고통을 받거나 의기소침해지는 것을 견디지 못한다면 문제가 있다. 무엇이든 다해주는 엄마는 결코 아이를 올바르게 교육할 수 없다.

아이의 요구를 꼭 필요성만으로 판단하지는 말자. 이를테면 친구들과 어울리는 데 필요한 물건인데도 무조건 거절하는 것은 옳지 않다. 다만 원하는 것은 무엇이든 쉽게 얻을 수 있다는 생각을 심어주지 않으면 된다. 아이의 요구를 모두 들어주는 것이 아니라 "그게 필요하면 이렇게 해보지 그러니?"라고 방법을 제시하거나 일부는 아이가 부담하게 하는 방법이 좋다.

또 소원 목록을 만드는 방법도 있다. 평소 아이가 갖고 싶어 하는 장난감, 옷, 학용품 등을 아이에게 적도록 하여 소원 목록을 만들어놓고 친척들이 아이에게 선물하고 싶어 할 때 목록에서 선택하도록 하는 방법이다.

중요한 것은 아이 스스로 자신이 원하는 물건이 왜 필요한지 이유를 깨닫게 하는 것이다. 어렸을 때부터 아이 스스로 자신에게 필요한 것이 무엇인지 생각하는 법을 가르치도록 하자. 물건에 대한 소중함과 경제 관념을 자연스럽게 터득할 수 있을 것이다.

밥 먹을 때 – 밥상머리 교육법

열한 살 지연이는 식사 시간을 "엄마에게 혼나는 시간"이라고 말한다. 성적이 안 좋다고 혼나고 편식한다고 혼나고, 이러면 이래서 저러면 저래서, 사사건건 혼나다보니 그렇게 표현할 만도 하다.

엄마 : 이제 곧 시험이지?

지연 : 네.

엄마 : 이번 시험에서는 올백 맞을 수 있겠어?

지연 : ….

엄마 : 열심히 해. 넌 충분히 할 수 있어. 엄마는 너를 믿어. 100점 맞을 수 있지?

지연 : ….

엄마 : 왜 대답을 못 해? 자신 없어?

아빠 : 그만해! 왜 자꾸 애를 몰아세우고 그래. 밥이나 먹자고.

엄마 : 당신은 왜 그렇게 무관심해요? 다른 집 아빠는 퇴근해서 애들 공부도 시킨다던데.

아빠 : 거기서 다른 집 아빠들 얘기가 왜 나와?

엄마 : 내 말이 틀렸어요? 당신이 언제 지연이 성적에 신경이나 써봤어
　　　요? 하기야 매일 늦게 들어오니 알 턱이 있나. 그러지 말고 당신도
　　　신경 좀 쓰세요. 애들 금방 커요. 제때 잡아주지 않으면 나중에 후
　　　회한다고요. 그리고….

아빠 : 아, 그만 하라니까. 밥이 어디로 들어가는지 모르겠네.

엄마 : 지연이 넌 빨리 먹지 않고 뭐하고 있어? 그리고 엄마가 말했지?
　　　편식은 좋지 않다고. 그것만 먹지 말고 이것도 먹어!

지연 : (차라리 혼자 먹었으면….)

식사 시간은 밥을 먹는 시간만이 아니다. 화목한 집안 분위기나 아이의 인성 교육을 위해 즐거운 대화가 오가야 한다. 그러려면 아이가 대답하기 곤란한 질문은 삼가는 것이 좋다. 보통 아이들은 기분이 좋거나 꼭 하고 싶은 이야기가 아닌 이상 먼저 입을 열지 않기 때문에 스스로 말할 수 있는 분위기를 만들어주는 것이 중요하다. 그래서 많은 엄마들은 분위기를 부드럽게 이끌어가기 위해 적절한 화제를 생각해내려고 하지만, 기껏 꺼낸다는 말이 '오늘 공부는 잘 했니?', '친구와 화해는 했니?' 등 캐묻는 질문일 때가 많다. 그러나 이런 질문은 대답을 강요하는 것밖에 되지 않는다. 이런 일이 반복되면 아이들의 자신감과 말수는 줄어들어 더욱 의기소침하게 변할 것이다.

식사 시간에 '야단치지만 않으면 된다', '기분이 나빠도 웃으면서 말하자'라는 단순한 생각도 좋지 않다. 아이는 말뿐 아니라 엄마가 은연중에 하는

표정, 행동, 작은 말소리 정도로도 엄마의 생각을 예민하게 포착한다. 이를 테면 그릇을 '탁!' 하고 소리 나게 내려놓는 행동, 슬리퍼를 끄는 소리 같은 것에서도 엄마의 기분을 느낀다는 것이다.

나이가 어릴수록 관계의 친밀도가 높기 때문에 말로 표현하지 않아도 서로의 감정이 그대로 전달된다. 차라리 아이의 어떤 태도나 행동 때문에 엄마가 기분이 나쁘고 화가 나 있는지 그대로 표현하는 것이 좋다. 그래야 쓸데없는 잔소리를 줄일 수 있다.

이미 한 번 엄마가 혼낸 사건을 끄집어내 아빠가 다시 혼내는 경우도 심심치 않게 볼 수 있다. 이런 일이 반복되면 아이는 식사 시간을 싫어할 수밖에 없다. 식사 시간처럼 온가족이 모였을 때는 '이번 소풍은 어디로 가니?', '도움이 될 만한 학습지가 필요하지 않을까?' 등 정보를 나누거나 서로의 일정을 확인하는 내용으로 의미 있는 시간이 되어야 한다. 이때 당장의 효과를 기대하기보다는 즐거운 대화로 편안한 시간을 갖는다는 생각으로 이야깃거리를 준비하는 것이 좋다.

가장 보편적인 것으로는 그날에 있었던 일, 눈앞에 보이는 것을 화제로 삼는 방법이 있다.

엄마 : 이거 이 계절에만 맛볼 수 있는 나물이야. 비타민이 많이 들어 있대. 그리고 이거 엄마가 직접 만든 천연 조미료를 사용했어.

동생 : 비타민이요? 비타민이 어디에 좋아요?

엄마 : 비타민은 피로를 푸는 데 아주 좋단다. 공부하는 학생에게 꼭 필
　　　요한 영양소야.
누나 : 엄마, 비타민은 피부미용에도 좋대요.
엄마 : 우리 딸 제법인걸. 피로 푸는 데도 좋고 피부미용에도 좋은 비타
　　　민이 듬뿍 든 나물. 게다가 직접 만든 천연 조미료를 사용했으니
　　　훨씬 더 맛있을 거야.
누나 : 천연 조미료는 어떻게 만들어요? 다음에 나도 같이 만들래요.
동생 : 저도요.

편식, 반찬 투정을 할 때 – "네가 먹을 만큼 덜어봐"

"먹을 만큼 밥이랑 국 담아봐."
"먹기 싫으면 그만 먹어. 이게 얼마나 맛있는데."

아이를 키우다보면 여러 가지 문제점과 부딪친다. 그중에서도 엄마들이 가장 힘들어하는 것 중 하나가 식습관이다.

엄마들은 아이가 제대로 먹지 않거나 음식 투정을 부리면 건강이나 발육에 문제가 생길까봐 불안해한다. 그래서 아이가 편식을 하면 잔소리를 하거나 심지어 때리기까지 하는 경우도 있다. 그러나 편식이나 반찬 투정을 야

단치는 것으로 해결하려는 것은 부모와 자녀 관계를 악화시킬 뿐 근본적인 해결책은 되지 못한다.

오늘도 어김없이 먹이려는 엄마와 먹지 않으려는 정호 사이에 실랑이가 벌어진다. 매일같이 일어지는 일이지만 엄마는 입이 짧은 정호 때문에 늘 속상하다.

"엄마가 정호 좋아하는 동그랑땡 만들었어."

"안 먹고 싶어요."

"왜? 아까 배고프다고 했잖아. 정호 동그랑땡 안 좋아해?"

"여기다 당근 갈아서 넣었잖아요. 다 알아요."

"아주 조금 넣었어. 어서 먹어. 밥 떠! 엄마가 얹어줄게."

"안 먹으면 안 돼요?"

"당근이 몸에 얼마나 좋은데.

어서 먹어 이것 안 먹으면 아이스크림도 못 먹게 할 거야."

"먹기 싫은데…."

"이만큼만 더 먹어. 이거 먹으면 컴퓨터도 30분 늘여줄게."

"우―욱 엄마, 넘어오려고 해요."

"여기 물 있어. 자, 한 숟가락만 더 먹어."

"싫어요. 안 먹을래요."

"징글징글하다. 너 밥 먹이는 것. 저리 가 그러려면 아예 굶어! 이제부터 컴퓨터고 나발이고 없어."

아이의 편식 습관은 상당 부분 부모의 책임이다. 미각은 어릴 때부터 발달하는데 이유식을 먹일 때부터 다양한 음식의 맛을 익히지 못한 아이들은 편식을 하기 때문이다. 시중에서 판매되는 이유식을 주로 먹이거나 젖병을 오래 빨게 하거나 돌이 지나서도 우유를 많이 먹은 아이들도 편식을 하기 쉽다. 아이의 편식 습관은 젖을 떼고 난 후에 나타나기 시작하여 3~5세경에 가장 심하게 나타난다.

어려서부터 입이 짧은 아이에게 먹는 것을 강요할 경우 점점 더 음식을 멀리하게 된다. 또 평소 과자나 음료수, 아이스크림을 즐겨 먹는 아이라면 밥 먹기를 싫어할 확률이 높다. 인간이 단맛을 좋아하는 것은 경험에 의한 것이 아니라 본능이라는 연구 결과가 있다. 아이가 단맛에 길들여져 있어 그 외의 다른 맛에 거부감이 있는지도 살펴보아야 한다. 무엇보다 엄마는 아이가 편식하는 이유를 분석해보고 적절하게 대처할 수 있어야 한다.

요즘 어린이집이나 유치원에서는 채소를 가지고 놀게 해 모양과 형태에 익숙해지도록 하는 등 편식을 예방하기 위한 교육을 실시하고 있다. 한편, 위와 같은 노력을 했는데도 아이들의 편식 습관이 고쳐지지 않는다고 하소연하는 엄마들이 많다. 편식 습관은 이미 유아기에 굳어진 것이어서 고치는 데는 그 몇 배의 시간과 노력이 필요하다. 따라서 인내심을 가지고 일상생활에서부터 조금씩 고쳐나가는 것이 중요하다.

아이가 싫어하는 음식을 받아들이기까지는 최소한 8회 이상의 노출이 필요하다고 한다. 또 식습관은 최소 6개월 이상 지속되어야 체득되므로 꾸준히 노력해야 한다.

엄마가 가장 먼저 해야 할 일은 아이에게 음식에 대한 거부감을 줄여주는 것이다. 그동안 아이에게 억지로 음식을 먹였다면 식사량을 조금씩 정해주면서 강압적으로 이끌고 갔던 분위기를 바꿔보는 것이 중요하다.

"밥 먹자. 정호가 먹을 만큼 밥이랑 국 담아봐."

"네."

"반찬도 담아야지. 엄마가 너 좋아하는 동그랑땡도 만들었어."

"난 당근 들어간 것 싫어요. 안 먹으면 안 돼요?"

"응. 먹기 싫으면 먹지 마. 엄마는 정말 맛있는데. 아빠도 어렸을 때 당근을 잘 먹어서 키가 그렇게 큰 거야."

"나도 두 개만 먹어볼래요. 두 개만 먹어도 되죠?"

"그럼."

적은 양이라도 아이가 다 먹고 성취감을 느낄 수 있을 정도에서 시작해 차츰 양을 늘려가도록 하자. 아이에게 식사 시간의 주도권을 주고, 말로 잘 타이르고 엄마가 정말 맛있게 먹는 모습을 보여주면 아이도 금세 따라 먹는다.

만약 식사 시간이 끝나도록 음식을 삼키지 않고 입에 물고만 있다면 혼내지 말고 주저 없이 그릇을 치우도록 한다. 주어진 시간에 먹지 않으면 배고

플 때 먹을 수 없다고 느끼게 하는 편이 아이의 식습관을 바로잡는 길이다.

아이에게 있어 밥상은 단순히 한 끼 식사가 아니다. 식사는 아이의 인성과 자존감을 형성시키는 중요한 교육의 장이다. 아이가 왜 그 음식을 싫어하는지, 밥을 먹으려 하지 않는지 평소 아이의 말을 주의 깊게 듣고 아이가 스스로 선택하고 판단할 수 있는 기회를 주는 것이 중요하다.

우리 아이를
고통스럽게 하는 한마디

아이에게 평생 상처로 남는 말이 있다

"나 어떡하면 좋으니? 내가 그런 말을 하다니….."

두 아이의 엄마인 내 친구가 자신이 실망스럽다며 한탄했다.

"화가 머리 꼭대기까지 치밀어 오르니까 '꼭 너 같은 딸 낳아서 키워봐라'라는 말이 튀어나오는 거야. 그 말은 사실 친정 엄마가 자주 하던 말이었어. 어렸을 때 그 말이 얼마나 서운했던지 나중에 내 자식에게는 그런 말 하지 않고 키울 거라고 다짐했는데 나도 모르게 엄마에게 들었던 그 말을 똑같이 뱉어버리고 말았어."

친구는 괴로워했다. 딸이 그 말 때문에 상처를 입을까봐 두려워했다.

속이 상해 엄마가 아이에게 내뱉는 말을 분석해보면 언젠가 누구에게서 많이 들었던 말이라는 느낌이 들 때가 있다. 언제였지? 누구에게서 들었지? 바로 어렸을 적 엄마에게서 들었던 말이다.

우리의 무의식은 어렸을 적 엄마로부터 자주 들었던 말을 기억하고 있다. 그것이 좋은 말이든 나쁜 말이든 똑같은 상황이 펼쳐지면 자신도 모르게 그 말이 떠오른다. 엄마의 말이 긍정적이었다면 그 말은 힘이 될 것이고, 부정적이었다면 또 한 번 좌절하게 만들 것이다.

특히 부정적인 엄마의 말 한마디는 들었을 당시 불쾌한 것으로 끝나지 않고 악순환을 계속한다. 씹지 않고 삼킨 음식처럼 소화도 배설도 되지 않고 그 자리에 똬리를 틀고 앉아 있다. 평소에는 크게 깨닫지 못하고 있다가 어느 날 갑자기 되살아난다. 이렇게 깊은 상처를 남겼던 친정엄마의 말을 그대로 따라 하는 자신을 발견하고 소스라치게 놀라는 엄마들이 한둘이 아니다. 무심히 내뱉은 말이 세상에서 제일 사랑하고 소중히 여기는 내 아이에게 독이 되고 있다면 그것처럼 슬프고 섬뜩한 일은 없을 것이다.

엄마들은 '내 아이는 내가 잘 안다'라는 편견을 갖고 있다. 그래서 엄마들은 아이가 자신과 다른 생각을 가지고 있다는 사실을 받아들이지 않는다. 그래서 끊임없이 잔소리를 하고, 아이가 한 말에 나름의 해결책을 강요하고 훈계를 하려든다. 그러고도 자신의 뜻이 관철되지 않으면 기를 죽이는 한마디, 상처를 주는 한마디, 비뚤어지게 하는 한마디를 서슴지 않는다. 어렸을 적 자신이 받은 상처는 어느새 까맣게 잊고 말이다.

EBS가 초등학생 1,500명을 대상으로 어른들에게 듣는 말 중에서 '가장 상처받는 말은 무엇인가?'라는 설문조사 결과를 발표한 적이 있었다.

"너 공부 안 하니?"

38%의 아이들이 공부 좀 하라는 말이 가장 상처가 되고 듣기 싫다고 대답했다. "키 좀 크고 살 좀 빼라", "엄친아, 엄친딸", "바보 멍청이", "애들은 몰라도 돼" 등이 그 다음을 이었다.

또 서울시 아동복지센터가 어린이 600명을 대상으로 실시한 '부모에게 가장 듣기 싫은 말은 무엇인가?'라는 설문조사에서도 아이들은 똑같이 "공부 좀 해라(29.7%)"라는 말이 가장 듣기 싫다고 답했다. 그 다음으로 "~는 잘 하는데 그 애 반만 닮아라", "넌 왜 그렇게 생각이 없니?", "몇 번을 말해야 알아듣겠니?", "나중에 뭐가 될래?", "넌 누굴 닮아서 그 모양이니?"라는 말이었다.

그렇다면 아이들은 어떤 말을 가장 듣고 싶어 할까?

40%에 가까운 아이들이 부모에게 가장 듣고 싶은 말로 "사랑해"를 꼽았다. 그밖에 "용돈 줄까?", "엄마와 아빠는 너를 믿어", "놀아라!", "괜찮아, 넌 할 수 있어", "우리 아들(딸) 다 컸네!"라는 말을 듣고 싶다고 대답했다.

아이들은 덜 준비된 상태로 이 세상에 나온다. 태어날 때 아기의 뇌는 20~30% 정도만이 발달되어 있다. 나머지 70~80%를 어떻게 채워주고 무엇을 경험하느냐에 따라서 아이의 가능성은 새롭게 열린다. 이걸 옆에서 도와주는 것이 부모의 몫이다. 내 아이에게 무엇으로 어떻게 채워줘야 할지 생각한다면 엄마는 늘 아이에게 하는 말을 고민해야 한다.

2부에서는 엄마들이 평상시에 함부로 또는 무책임하게 사용하여 아이들에게 상처 주는 말을 다루었다. 그리고 그 말이 아이들의 성격 형성과 성장에 어떠한 영향을 미치는지, 아이에게 도움이 되는 말은 어떤 방법으로 하는 것이 좋은지 함께 생각해보는 자리를 마련했다. 엄마들의 애정 어린 반성을 기대한다.

내 아이 기죽이는 한마디

부정적인 말만 하는 엄마

"안 돼! 그건 안 돼!"

병원에서의 일이었다. 진수는 어항 속의 물고기를 보며 혼자서 놀고 있었다. 그런데 갑자기 한 아이가 다가오더니 진수를 밀쳤다. 잠깐 멍한 표정이던 진수도 이내 지지 않고 아이를 밀쳤다. 그러자 아이가 진수를 한 대 때렸다. 진수는 화가 나 들고 있던 장난감 총으로 아이를 내리치려 했다. 이 광경을 본 진수 엄마가 큰 소리를 치며 달려왔다.

"안 돼! 때리면 안 돼!"

진수는 억울하고 분해서 울음을 터트렸다. 엄마는 진수를 달랬다.

"친구를 때리면 안 돼."

흐느끼며 진수가 대답했다.

"쟤가 먼저 날 때렸단 말이야. 난 가만히 있었는데. 엉엉."

"그래도 때리는 건 안 돼. 그만 울어. 우리 진수 착하지?"

그래도 분했던지 진수는 그 아이를 흘겨보며 씩씩거렸다.

그렇게 한바탕 소동을 벌이고 병원에서 집으로 돌아오는 길, 장난감 매장이 줄지어 있었다. 도보에 진열되어 있는 자전거를 보자 진수는 얼른 달려가 올라타려 했다. 매장에 진열되어 있는 것이라 한번 타보게 해도 괜찮을 텐데 걱정 많은 진수 엄마, 그걸 또 말린다.

"진수야 안 돼! 그 자전거는 우리 게 아니잖아."

"엄마, 타보고 싶어요."

"안 돼. 그건 우리 것이 아니야. 남의 물건은 함부로 만지는 게 아니야."

자전거 가게 주인도 한번 타보라고 하는데 진수 엄마는 기어코 진수의 손을 잡아끌었다. 진수는 자전거를 돌아보고 또 돌아보았다. 조금 더 지나자 놀이터가 나왔다.

"엄마, 나 놀이터에서 놀다 갈래."

"그럴까? 그래, 놀다 가자."

진수는 미끄럼틀을 향해 뛰어갔다.

"안 돼! 새 옷이라 더럽혀지면 안 돼. 이리 와. 엄마랑 시소 타자."

"난 미끄럼틀 타고 싶은데…."

엄마와 진수는 시소를 탔다. 그러나 진수는 조금도 재밌지가 않았다. 한

무리의 아이들이 모래 장난을 하며 놀고 있었다. 진수도 같이 놀고 싶었으나 엄마가 안 된다고 할 게 뻔해 그만두었다.

마침, 같은 유치원에 다니는 미리의 엄마가 놀이터 옆을 지나다가 진수 엄마를 보고 반갑게 인사를 나누었다. 그때 나비 한 마리가 진수 곁을 지나 풀밭으로 날아갔다. 진수는 나비를 따라 풀밭으로 들어가려다 말고 엄마를 쳐다보았다. 엄마가 고개를 가로저었다. 진수는 아무것도 안 하고 그저 가만히 서서 엄마들의 이야기가 끝나기만을 기다렸다.

모래 장난을 하던 한 아이가 모래를 집어 진수에게 던졌다. 진수는 엄마의 눈치를 살폈다.

"엄마, 나도 모래 집어 던져도 돼요?"

엄마의 대답은 언제나 똑같았다.

"안 돼. 엄마가 혼내줄게. 누구니? 누가 그랬니?"

엄마가 "안 돼!"를 자주 하면 아이는 아무것도 못 하는 사람이 된다. 어려서부터 쌓은 경험은 어려운 상황에 부딪혔을 때 좋은 결과를 얻을 수 있게끔 이끌어준다. 아이가 더 많은 경험을 할 수 있도록 극도로 위험한 일이 아니라면 "안 돼!"라는 말을 줄이는 것이 좋다. 많이 경험하고 많이 실수하면서 몸으로 배운 아이일수록 성장한 뒤에 엉뚱한 짓을 저지르지 않기 때문이다. 타당한 이유와 적절한 방식도 없이 무조건 안 된다고 말하는 것은 옳지 않다.

 "안 돼!"라는 말도 때가 있어요

힐러리 로댐 클린턴이 4세 때의 일이다. 힐러리는 겁이 많은 지극히 평범한 아이였다. 힐러리 가족은 가난한 사람들이 모여 사는 시카고 시내에 살다가 교외의 부자 동네로 이사했다. 그런데 문제가 생겼다. 동네 아이들의 텃새가 심했던 것이다. 그 때문에 힐러리는 밖에 나가서 노는 것도 꺼리게 되었다. 특히 건너편에 사는 수지라는 아이는 힐러리만 보면 시비를 걸기 일쑤였다. 하루는 힐러리가 도망치듯 울면서 돌아오자 엄마가 막아섰다.

"힐러리. 이 집에 겁쟁이가 있을 곳은 없단다. 네 스스로 어려움과 싸워 이겨야 해. 가서 네가 두려워하지 않는다는 것을 보여주렴."

엄마는 커튼 뒤에 숨어서 힐러리가 어깨를 펴고 당당하게 건너편으로 가는 걸 지켜봤다. 수지와 당당히 맞선 후 돌아온 힐러리가 말했다.

"엄마, 놀라지 마세요. 이제 남자 아이들과도 놀 수 있어요. 그리고 수지랑은 친구가 되었어요."

누구에게도 기대지 않고 스스로 생각할 수 있는 능력을 키워준 엄마의 가르침. 그 가르침이 힐러리로 하여금 경쟁을 두려워하지 않고, 어떠한 상황에서도 물러서지 않는 강인한 여성으로 만들었다.

애원하는 엄마

"엄마가 이렇게 빌게."

"준아! 음악학원 갈 시간이야."

“금방 미술학원 갔다 와서 힘들어요. 오늘은 바이올린 안 하면 안 돼요?”

“그런 말이 어디 있어? 어서 가.”

“가기 싫은데… 정말 안 가면 안 돼요?”

“꼭 가야 해. 이 바이올린이 얼마인지 알기나 해? 엄마가 어렸을 때는 하고 싶어도 할 수 없었던 거야. 고마운 줄 알아야지.”

“꼭 해야 해요?”

“그럼, 엄마가 틀린 말을 하겠니? 다른 애들 다 하는데 너만 안 하면 바보 되는 거야. 그래도 좋아?”

“내 짝꿍 정현이는 바이올린 안 해도 공부만 잘한단 말이에요. 엄마가 틀렸어요.”

“어디 엄마한테 그런 말을 해? 그러면 나쁜 아이야.”

“그럼 겨울방학 때부터 다시 시작하면 안 돼요?”

“너 왜 이렇게 엄마 말을 안 듣니? 제발 부탁이니 엄마 말 좀 들어주렴. 다 너 잘되라고 그러는 거야. 우리 준이 착하지?”

엄마는 마지막 방법으로 눈물로 호소하는 작전을 쓴다.

“엄마 소원이야. 이렇게 빌게. 준아 제발 부탁이야, 응?”

준이는 더 이상 다른 말을 할 수가 없다. 마지못해 고개를 끄덕인다.

“그렇지. 엄마 말 잘 들어야 착한 아이지. 학원 다녀오면 엄마가 맛있는 것 해줄게.”

안도의 한숨과 함께 왠지 모를 뿌듯함을 느끼며 엄마는 이렇게 생각한다.

'우리 아이가 엄마 마음을 알아주는구나.'

그러나 정작 아이는 엄마의 마음을 헤아린 것이 아니다. 눈물까지 흘리며 부탁하는 엄마의 행동에 어쩔 수 없이 따르는 것일 뿐, 싫다는 마음까지 사라진 것은 아니다. 아이들은 이런 엄마의 눈물어린 호소에 몇 번은 반응하지만 그 횟수가 거듭될수록 익숙해져 나중에는 냉정한 태도를 보인다. 그리고 아이는 실망하는 엄마의 표정을 보고 싶지 않아 학원에 가는 척 하고서 어디선가 시간을 때우려 할지도 모른다.

'난 엄마가 저렇게 비는 게 싫어. 하지만 할 수 없지. 가는 척이라도 해야지'라고 생각하면서.

이럴 땐 이렇게 아이에게 스스로 하려는 마음을 심어주세요

아인슈타인은 일곱 살 때 바이올린을 배우기 시작했지만 1년도 채 못 가 그만두어 버렸다. 그 뒤 아인슈타인의 부모는 바이올린을 계속하라고 강요하지 않았다. 2, 3년이 흘렀다. 아이슈타인은 스스로 바이올린을 다시 배우기 시작했다. 모차르트의 곡을 멋지게 연주해보고 싶다는 생각이 들었기 때문이다. 그 후 바이올린은 아인슈타인에게 평생의 친구가 되었다.

엄마들은 자녀가 '말 잘 듣는 아이'로 자라주기를 원한다. 실제 아이를 자랑할 때 이렇게 말하는 경우가 많다.

"우리 아이는 정말 착해요. 얼마나 제 말을 잘 듣는지 몰라요. 글쎄, 지금까지 살면서 한 번도 큰 소리를 낸 적이 없다니까요."

이런 엄마의 마음 한구석에는 '내가 너를 위해 이렇게까지 하는데 당연히 말을 잘 들어야지'라는 생각이 자리하고 있다. 이런 엄마는 아이의 특성을 무시한 채 자신의 뜻대로만 하려 한다. 그러나 아이가 순종하는 이유는 엄마가 하라는 대로만 했을 때 칭찬받을 수 있다고 생각하기 때문이다.

엄마의 뜻을 따르는 데만 익숙한 아이는 자기 인생의 주인이 되지 못한다. 아이에게는 스스로 하려는 마음, 즉 동기를 심어주어야 한다. 멋지게 연주하는 모습을 담은 사진을 붙여주거나 DVD를 함께 시청하는 방법, 함께 연주회에 다녀오는 것이 백 마디의 말보다 효과가 크다.

자식에게 자신의 인생을 거는 엄마

"엄마에게는 너밖에 없어."

한서의 별명은 애어른이다. 주변에서는 한서를 기특하다고 얘기한다. 아직 어리광이나 부릴 법한 초등학교 4학년이지만 엄마가 바쁠 때는 동생을 돌봐주고, 집이 더러우면 청소도 한다. 어떤 때는 장사를 하는 엄마를 대신해 세탁기를 돌리고 빨랫감을 널기도 한단다. 그러면 엄마는 대견해하며 이렇게 말한다.

"우리 한서 보는 낙에 산다. 그렇지 않으면 내가 무슨 재미로 살겠니?"

아빠와 부부싸움이라도 한 날에는 엄마의 하소연은 더욱 길어진다.

“한서야, 너는 절대 엄마처럼 살면 안 돼.”

“엄마가 어때서?”

“공부를 안 해서 아빠가 날 무시하는 거야. 넌 열심히 공부해서 좋은 대학 가고 전문적인 직업도 가져 멋지게 살아야 해. 엄마 말 명심해. 알았지?”

“응.”

“엄마는 비록 이렇게 살고 있지만 너만은 이렇게 살아서는 안 된다”, “네가 잘 돼야 엄마가 사는 보람이 있다” 등 어린아이가 감당하기 힘든 말들을 노래처럼 읊어댄다.

“엄마가 못다 이룬 꿈을 네가 이루어주어야 해. 한서는 뭐가 된다고 했지?”

“변호사.”

“그래, 꼭 변호사 돼서 엄마 한을 풀어주어야 해.”

“한이 뭔데?”

“마음이 아프고 슬픈 거. 한서가 엄마 한 풀어줄 수 있지?”

“으~응.”

“그래, 엄마한테는 너밖에 없어.”

이런 엄마는 자신의 삶을 가꾸는 것보다 아이의 삶에 끼어들어 채근하는 데 쓰는 시간이 더 많다. 엄마가 이루어야 하는 삶까지 함께 짊어진 아이가 얼마나 버거워하는지는 헤아리지 못한다. 아이가 엄마의 기대에 부응해 열심히 공부할 것이라고 안도하면서 말이다.

아이는 자신의 삶을 가꾸어나가기도 힘든 상황에서 엄마의 기대까지 떠안아야 하기 때문에 심리적으로 불안 증세를 보일 수 있다. 주위를 둘러보라. 부모의 뜻에 따라 부모의 인생을 살고 있는 어른 아이들이 어떤 인생을 살고 있는지.

간혹 어떤 엄마들은 자신이 못다 이룬 꿈을 아이가 이뤄주길 바란다. 평생의 한을 아이의 작은 어깨에 짊어지우는 것이다. 그러나 이런 생각은 버려야 한다. 엄마는 어디까지나 조언자요 후원자다. 최고의 엄마란 아이가 자신의 인생을 당당히 살 수 있도록 지원하는 엄마지, 자신의 꿈과 인생을 강요하는 엄마가 아니다.

어린아이에게 엄마는 세상의 중심이며 신과 같은 존재다. 아이는 어떤 어려움이 닥쳐도 엄마가 자신을 굳건히 보호해줄 것으로 믿고 있다. 그러므로 아이에게 인생의 무게를 지워서는 안 된다. 자녀의 인생을 망치는 엄마가 되기 않으려면 지금이라도 아이가 자신의 삶을 계획하도록 도와주어야 한다.

이럴 땐 이렇게 **지나친 기대와 집착으로 무거운 멍에를 씌우지 마세요.**

미국의 항공과 영화산업을 한 단계 향상시켰다는 평가를 받고 있는 하워드 휴즈. 그의 엄마는 남편과의 불화에서 오는 분노, 외로움을 보상받기 위해 모든 기대를 아들에게 걸었다. 그녀가 아들에게 거는 과도한 기대는 영화산업의 선구자인 하워드 휴즈를 결벽증과 정신병자로 몰아갔다. 그는 화장지로 손을 감지 않고는 어떤 물건도 만지지 못했고, 비서에게 고무장갑을 낀 채 타이핑하라고 요구하기도 했다. 신문은 반드시 3부를 사서 그 가운데 것을 주어야 했으며 그에게 물건을 건넬 때는 흰색 장갑을 껴야 했다. 어쩌다 맨손으로 악수를 하고 나면 즉시 피가 날 정도로 씻어야 했다. 그는 결국 정신장애가 심해져, 진공 방에 살면서 그 속에서 만들어진 음식만 먹고 세상과 격리된 채 은둔자로 지내다가 불행한 일생을 마쳤다.

자식에게 자신의 인생을 걸고 있는 엄마가 있다면, 자신의 한을 아이에게 대물림하는 것은 아닌지 생각해볼 일이다.

주관이 뚜렷하지 않은 엄마

"거기 다닌 애들이 성적이 다 올랐대!"

초등학교 5학년인 민경이는 동네 학원에 다니는 아이들이 가장 부럽다. 자기는 셔틀버스를 타고 멀리까지 가야 하기 때문이다. 어떤 때는 차를 너무 많이 타 멀미를 하기도 한다. 민경이가 이렇게 먼 곳에 있는 학원까지 가야 하는 이유는 그 학원에서 배운 아이들이 모두 성적이 올랐다는 엄마 친구의 말 때문이었다.

그런데 또 어느 날, 엄마는 친구와 통화를 하고 나서 민경이를 불렀다. 민경이는 이미 다음 상황이 짐작된다.

"민경아, 너 학원 옮기자."

"왜요? 지금 학원도 좋은데. 친구들도 많고 선생님들도 좋아."

"옆집 장미가 학원을 옮겼는데 1등을 했대. 그 학원에서 배운 애들이 모두 성적이 쑥쑥 올랐다지 뭐니?"

다닌 지 두 달도 안 되는 학원을 또 옮기라니, 민경이는 싫었다.

"지금 학원도 엄마가 좋다고 해서 옮긴 거잖아."

"하지만 성적이 나아진 게 없잖니?"

"거긴 더 멀어. 그냥 다니면서 더 열심히 하면 안 돼?"

"지금 거리가 문제야? 잘 가르친다고 하니까 옮겨보자. 이게 어디 엄마 좋으라고 하는 일이니? 다 너를 위해서야."

민경이는 더 이상 할 말이 없다.

'이제 겨우 친구를 사귀어 지낼 만한데 또 옮겨야 한다니 정말 싫어.'

다시 학원을 옮겨도 지금의 학원과 다르지 않다는 것을 민경이는 안다. 하도 자주 학원을 옮기는 통에 어느샌가 모든 것은 자기 하기 나름이라는 것을 알아버렸기 때문이다. 그러면서도 엄마 말을 듣는 이유는 딱 하나다. 엄마가 기뻐하니까. 하지만 엄마는 알까? 민경이에게 친구 하나 없다는 것을. 엄마들은 대부분 다른 엄마들과 나누는 대화 속에서 중요한 정보를 얻는다. 그렇기 때문에 어느 학원이 좋다는 말을 들으면 귀가 솔깃해진다. "그 학원에서 배운 애들이 모두 성적이 쑥쑥 올랐대요"라는 말에 '그럼 우리 아이도 보내야지'라는 생각을 하는 엄마가 많다. 그러고 보면 우리 엄마들 참 귀가 얇다. 물론 자신들의 일 때문이라면 그러지 않겠지만 금쪽같은 아이의 일이니 조그만 정보에도 민감하게 반응할 수밖에 없다. 하지만 우선 냉정해지자. 성공담은 성공담일 뿐이다. 그것은 어디까지나 남의 이야기일 뿐, 모두 자기 하기 달렸다.

이럴 땐 이렇게 **다른 아이의 성공담은 귓전으로 흘리세요**

마음이 혹하는 성공담만 믿고 섣불리 결정하기 전에 엄마는 '내 아이에게 맞겠다, 맞지 않겠다'를 판단할 수 있는 능력을 갖추어야 한다. 아이를 잘 관찰해서 우리 아이가 어떤 아이인지 제대로 파악하는 것이 우선이다.

학원을 열심히 다니고 있는데도 성적이 향상되지 않는다면 다른 방식으로 접근하자.

"학원 강의는 너하고 맞니? 맞지 않으면 엄마와 함께 찾아볼까?"

아이에게 결정권이 있지만 엄마가 돕겠다는 의미를 전달하는 것이다. 이렇게 의견을 교환하는 과정을 거치고 나면, 아이도 엄마가 찾아주는 학원을 불만 없이 다니게 될 것이다.

비교하는 엄마

"옆집 애는 또 상 받아왔다더라."

"옆집 수민이는 또 1등 했다더라. 걔는 컴퓨터를 하라고 해도 안 한대. 넌 도대체 공부를 하기나 하는 거니?”

“나도 열심히 한단 말이야.”

“열심히 한 게 겨우 그 정도야? 매일 잡생각만 하니까 그렇지. 위층 승민이는 책상에 앉았다 하면 두 시간이래. 뭐야, 뭘 그렇게 보고 서 있어? 어서 학원 가지 않고.”

치우 입장에서는 속이 상할 만도 하다. 그래서 그날은 학원에 가지 않았다. 나름의 반항이었던 것이다. 친구와 놀이터에서 실컷 놀다가 끝나는 시간에 맞추어 돌아왔다.

“너 학원 빼먹고 어디 갔었어? 비싼 돈 들여 학원 보냈더니 못된 애들이랑 어울려 농땡이나 피우고. 네가 지금 그럴 때니? 부지런히 공부해도 따라갈까 말까 한 주제에 학원을 빼먹어? 1004호 집 애는 또 상 받아왔다고 그 애 엄마가 자랑하더라. 내가 창피해서 못 살아, 정말.”

엄마는 계속 치우를 몰아세웠다.

“우리가 그 집보다 못해준 게 뭐 있니? 해달라는 것 다 해주고 사달라는 것 다 사주었는데 왜 이 모양이냐고? 도대체 문제가 뭐야?”

‘엄마는 왜 늘 남과 비교하는 것일까? 왜 이 아파트엔 나보다 공부 잘하는 아이들만 사는 것일까? 그 애들은 그 애들이고 나는 난데. 지진이라도 일어나 이 아파트가 없어졌으면 좋겠어.’

답답해서 밖으로 나가려 하자 엄마가 가로막았다.

"어딜 가? 지금 나가서 놀고 싶은 마음이 드니? 너 이렇게 공부 안 하고 놀기만 하다가 나중에 후회해도 소용없어. 지금도 옆집 애는 머리 싸매고 공부하고 있어. 그 애 반만이라도 닮아봐라. 아니 반의반이라도 따라가 보란 말이야. 어서 들어가 공부해. 어서!"

치우는 책상에 엎드려 한참을 가만히 있었다. 엄마가 또 방문을 열었다.

"아니, 지금 이 상황에서 잠이 오니?"

"자는 거 아냐."

"아휴, 속 터져. 내가 이제 입이 다 아프다. 하루만이라도 옆집 수민이 엄마 해봤으면 소원이 없겠다."

"그래요. 수민이 엄마 하세요. 나도 엄마가 싫거든요!"

"아니, 이 녀석이 못 하는 소리가 없네."

이쯤 되면 아이는 아무것도 하지 못하고 공부만 해야 한다. 이렇게 해서 하는 공부가 잘될 일도 없지만, 그래도 하는 시늉은 해야 혼이 덜 나니 울며 겨자 먹기로 공부하는 연기를 할 수밖에 없다.

비교를 일삼는 엄마는 아이의 경쟁심을 자극하여 더 잘하도록 이끌어주기 위한 나름의 방법이라고 생각한다. 그러나 아이는 돌려 말하거나 추상적으로 말하는 엄마를 이해하지 못한다. 단지 비교당한 아이 때문에 자신이 인정받지 못한다고 생각하여 질투의 대상, 미움의 대상으로만 인식한다. 정말 내 아이의 긍정적인 변화를 바란다면 비교는 삼가야 한다.

엄마가 아이를 다른 사람과 비교하면 아무리 듣기 좋게 전달하더라도 아이는 열등감을 느낀다. 열등감은 아이가 어른이 되더라도 쉽게 극복할 수 없는 일종의 병이다. 엄마는 자극을 받아 더 많이 노력하라고 한 말이지만, 아이가 비교 당하면서 배우는 것은 사람을 구분하고 나누는 태도다. 사랑받을 사람과 사랑받지 못할 사람, 인정받는 사람과 경멸받는 사람이라는 식으로. 그리고 자신은 늘 후자에 해당된다고 여긴다.

엄마들이여 한 번쯤은 우리 아이들을 믿어보자.

"내버려두면 잘할 거야. 아무렴, 누구 자식인데"라고 말이다.

이럴 땐 이렇게 **주위의 기준으로 아이를 평가하지 마세요**

1975년 하버드대학교 2학년에 재학 중이었던 빌 게이츠는 어머니날(Mother's day)에 카드 한 장을 어머니께 보냈다.

"사랑해요, 어머니! 어머니는 여태껏 단 한 번도 저를 다른 사람과 비교하지 않으셨어요. 그리고 언제나 제가 하는 일 중에서 칭찬할 만한 일을 찾아 아낌없이 칭찬해주셨죠. 어머니와 함께한 시간은 제게 너무나도 소중합니다."

평범한 엄마들이 소홀하기 쉬운 것. 그것은 순수하게 자녀를 인정해주는 것이다. 주위를 기준으로 삼아 아이를 평가하지 말고 빌 게이츠의 엄마처럼 아이 나름의 성장을 인정해주어야 한다.

잔소리와 대화를 구분 못하는 엄마

"미나야, 이리 와! 우리 과일 먹으면서 대화 좀 하자."

"….”

"내 말 안 들리니? 과일 먹자니까.”

"저 지금 바빠요.”

"네가 좋아하는 파인애플이야.”

미나는 파인애플이라는 말에 못 이기는 척 나와 앉았다.

"뭐가 그렇게 바빠? 엄마하고 대화할 시간도 없어?”

"그런 건 아니지만….”

"어때, 한 학년 올라가는 기분이?”

"그저 그렇죠 뭐.”

"그런 대답이 어디 있어? 나름대로 계획이 있을 거 아냐.”

"그런 거 없어요.”

엄마는 미나의 성의 없는 대답에 살짝 욱했지만 침 한번 삼키며 참기로 했다.

"하고 싶은 건 있고?”

"있어요. 인터넷 소설을 써볼까 해요.”

“인터넷이면? 컴퓨터로 해야 하는 것 아니니?”

“네, 맞아요. 친구들하고 서로 이어서 써야 하니까.”

“초등학생이 소설을 쓰는 건 좀 이르지 않니? 이제 컴퓨터는 좀 줄여야 하지 않겠어? 수지는 벌써부터 컴퓨터 근처에 가지도 않는다더라.”

“그건 게임하고는 달라요.”

“그리고 누가 시키지도 않았는데 늦게까지 공부를 한대. 책상 앞에 계획표도 붙여놓고.”

엄마는 미나의 말에는 관심도 보이지 않고 수지 이야기만 한다.

미나는 어느새 포크를 내려 놓고 있었다.

“너도 공부하는 시간을 좀 늘려야 하지 않겠어? 이제부턴 해야 할 공부도 많아질 텐데.”

“….”

“소설 같은 건 중학교 올라가서 쓰는 것이 더….”

“아, 짜증 나!”

짜증 내며 일어서는 미나를 보며 엄마는 기가 막혔다.

“너 무슨 말버릇이 그 모양이니?”

“엄마한테 한 거 아니거든요!”

미나는 문을 꽝, 닫고 들어가 버렸다.

‘대화는 무슨 대화야! 잔소리지. 결론은 공부, 공부! 아, 진짜 짜증 나!’

잔소리가 아이들에게 부정적으로 작용한다는 것을 아는 엄마들은 평소 아이에게 바라는 것을 일상적인 대화 속에 교묘히 숨겨서 말하려고 한다. 아이들이 잔소리로 받아들이지 않게 하기 위해서다. 그러나 이것은 '생활화 된 잔소리'다. 아이들도 금방 안다. 엄마로서는 대화도 중요하고 잘못된 점 을 바로잡는 교육도 필요하다고 생각해 모두 잘하려고 한 행동이지만, 결국 아이의 입장에서는 잔소리로 들린다. 잘 생각해보자. 사실은 잔소리를 하면 서 대화하고 있다고 착각하지는 않는지.

이럴 땐 이렇게 '공부'라는 단어를 피하고 대화하는 연습을 해보세요

아이와 대화를 나누다가도 끝에 은근슬쩍 자신이 원하는 바를 집어넣어 강요하고 있지는 않은지 반성해보자. 만약 자신도 모르는 새 대화와 잔소리를 섞어서 하고 있 다면 당신도 '생활화된 잔소리쟁이'일 가능성이 높다. 아이들도 어른과 마찬가지다. 같은 자극에 반복해서 노출되면 그것이 중요한 사항이라도 크게 인식하지 못한다. 공부하라는 소리를 밥 먹듯이 들으면 새롭게 자각을 하기보다는 그저 자연스러운 일상이 된다는 것이다. 당연히 교육 효과가 낮을 수밖에 없다. 술 먹고 늦게 들어오 는 남편에게 매일같이 잔소리를 해봐야 그때뿐인 것과 마찬가지다. 꼭 해야 할 말이 있다면 별도의 자리를 만들어보자. 이 자리를 위해서는 엄마도 사전 준비가 필요하 다. 꼭 해야 할 말과 피해야 할 말을 가려내고 미리 연습해보자. 진지한 표정으로 꼭 해야 할 말만 하는 엄마를 대하면 아이들도 그때는 잔소리가 아닌 진지한 대화로 받 아들일 것이다.

설교나 훈계조의 엄마

한 무리의 아이들이 모여 심각하게 이야기를 하고 있다. 세 명의 시선이 유독 한 아이에게 꽂혀 있다.

"야, 너 갈 거야, 말 거야?"

"어떡하지?"

"우린 다 허락 받았어. 빨리 전화해."

"나 성적 엄청 떨어졌단 말이야. 이 판에 학원 안 가고 친구 생일 파티 간다고 하면 그러라고 하겠냐? 잔소리만 엄청 들을 거야."

"그러면 그냥 학원을 가든가."

"에이, 어차피 전화해도 허락하지 않을 거야. 그냥 갈래."

"그래, 그냥 가. 혼날 땐 잠깐 소나기 지나간다고 생각하면 돼."

아직 걱정스러움이 묻어 있는 재민이를 보며 친구들이 위로한다.

"난 그런 때 고개 푹 숙이고서 온라인 게임하는 상상을 해. 엄마는 아마 내가 반성한다고 생각할 걸."

"엄마들은 왜 말을 많이 할까? 짧게 해도 되는데."

"그러게 말이야. 아, 지겨워~."

저녁 시간, 친구의 생일 파티에서 돌아온 재민이는 한바탕 혼이 나고도 모자라 엄청난 후폭풍에 시달려야 했다.

"아무리 생각해도 너를 이해할 수가 없어. 내 말이 틀렸니? 나는 너만 할 때 그러지 않았어. 내가 너만 할 때는 아무 연락도 없이 친구들과 몰려다니지도 않았고…."

재민이는 친구들의 말을 떠올렸다.

'그런 때 고개 푹 숙이고 다른 생각을 하면 돼. 그러면 너희 엄마는 네가 반성한다고 생각할걸.'

엄마들은 아이와 이야기를 할 때 아이를 바른 길로 인도해야 한다는 책임감이 앞서 옳은 말, 좋은 말만 해주어야 한다고 생각한다. 이 막중한 책임감 때문에 아이와의 대화를 즐기지 못하고 일방적인 설교나 훈계를 하는 경우가 많다.

그러나 한마디라도 아이에게 피가 되는 말을 해주려는 엄마의 의도와는 다르게 아이는 그저 귀찮은 잔소리로 받아들이는 경우가 많다. 부모의 잔소리에 지친 아이는 "네", "아니오" 같은 단답식으로만 이야기할 것이다. 이런 식으로는 아이의 솔직한 심정을 알 수 없다. 또 이런 일방적인 대화에 익숙해진 아이는 다른 사람들 앞에서 자신의 의견을 쉽게 말하지 못하는 소극적인 사람이 될 가능성이 크다.

 ## 아이들은 옳은 말을 하는 사람보다 자신을 이해해주는 사람을 더 좋아해요

누구나 친한 사람과 진하게 수다를 떨고 나면 우울함이 사라지기도 하고 스트레스가 날아가 버리는 경험이 있을 것이다. 그런데 가장 가깝고 친해야 할 아이와의 대화에서는 속이 풀리는 경험을 하기가 힘들다. 말은 많이 하는데 속이 풀리지 않는다. 왜 그럴까? 역시 책임감 때문이다. 그래서 사소한 대화에서조차 잘못된 점을 지적하려 한다. 해도 해도 뭔가 모자라 더 살을 붙이다보니 이야기는 길어질 수밖에 없다. 구구절절 다 옳은 말이지만 아이들은 싫어한다. 사실 훈계조와 설교조의 말을 좋아할 사람은 아무도 없다.

사람들은, 특히 아이들은 옳은 말을 하는 사람보다 자신을 이해해주는 사람을 더 좋아한다. 훌륭한 교사, 존경받는 리더, 따르고 싶은 부모는 모두 공통점이 있다. 그들은 모두 공감 능력이 뛰어나다는 점이다. 사람을 움직이는 것은 입이 아니라 귀다. 가장 훌륭한 대화법은 들어주는 것임을 기억하자.

생색만 내는 엄마

"다 너 좋으라고 하는 말이야."

"60점이 뭐야, 60점이. 너를 어떻게 하면 좋니."

"…"

"그러니까 내가 뭐랬니? 게임 조금만 하라고 했잖아."

“…”

“너 어떻게 할래. 이렇게 해서 의대 갈 수 있겠어? 엄마가 말했지? 초등학교 때 공부 못하면 중·고등학교 가서도 어림없다고.”

“…”

“그러려면 어떻게 해야 한다고 했지? 말해봐, 어서!”

“…”

“넌 공부만 열심히 하면 돼. 네가 원하는 거 어떻게 해서든지 다 해줄 거란 말이야. 개인 과외도 시켜줄 거고 유학도 보내줄 수 있어.”

묵묵히 듣고만 있던 아이가 툭 내뱉는다.

“난 그런 거 관심 없는데….”

“네가 부족한 게 뭐가 있니? 집이 가난해 돈 걱정을 하니, 형제가 많아 양보해야 하기를 하니? 그저 공부만 하면 되는데 뭐가 어려워? 열심히 공부해서 무조건 의대 가야 해.”

“난 의대 싫어요.”

“성적이 떨어져서 자신이 없어진 모양인데, 지금부터라도 열심히 하면 갈 수 있어. 그러니까 힘내.”

“…”

“내가 너를 어떻게 키웠는데? 그리고 엄마가 누구 땜에 이 고생을 하는데. 엄마는 우리 연주 믿어. 힘내! 알았지?”

"나 믿지 마세요. 휴~."

"믿지 말라고? 그게 지금 엄마에게 할 소리야? 연주야, 엄마가 이러는 거 다 너 좋으라고 하는 소리야. 나중에 엄마에게 고맙다고 할 걸."

부모가 자식을 위해 희생한다는 생각을 가지면 자기도 모르게 아이에게 요구하는 일이 많아진다. 그러나 아이는 엄마의 소유물이 아니다. 부모는 아이가 자기 인생을 스스로 살아갈 힘을 얻을 때까지 가르치고 지원해줄 수는 있어도 소유할 수는 없다. 엄마는 아이를 보호해주는 절대적인 지지자가 되어야 한다. 당연히 해야 할 일을 하고도 생색을 낸다면 아이 눈에 엄마가 하찮아 보이지 않을까?

 엄마의 바람을 직접 표현하세요

엄마가 아이 앞에서 늘어놓는 생색의 말이나 공치사에 감동할 아이는 없다. 생색이란 자기가 한 일을 상대방에게 인정받아야만 한다는 일종의 강박관념에서 나오는 것이다. 굳이 이야기를 하지 않아도 아이들은 엄마의 마음을 느낄 수 있다. 그러니 괜히 생색내서 아이에게 부담을 줄 필요는 없다.

"엄마 좋으라고 이러는 줄 알아? 다 너 위해서 하는 말이야"라는 생색의 말 대신 "네가 공부를 안 하면 엄마는 걱정돼. 공부 잘하면 너도 좋지만, 엄마도 정말 기뻐"라고 솔직히 표현하자. 그러면 아이는 이렇게 생각할 것이다. '열심히 공부해서 꼭 엄마를 기쁘게 해드려야지.'

아이에게 상처 주는 한마디

의심 많은 엄마

"또 너구나."

"톡, 톡, 톡!"

돼지저금통에 500원짜리 동전과 100원짜리 동전 두 개를 넣으며 민호는 미소를 짓는다.

'열심히 모아서 게임기 사야지.'

초등학교 5학년인 민호는 돈이 생기는 대로 저금통에 넣으며 게임기를 가지고 노는 모습을 상상한다.

그동안 민호는 가지고 싶은 것이 있으면 부모님을 조르거나 떼쓰기 일쑤였다. 그래도 안 되면 친구의 것을 슬쩍 가져온 적도 여러 번 있었다. 한번은 가게에서 몰래 장난감을 가지고 나오다가 들켜 주인아저씨에게 호되게 혼났다. 전화를 받고 달려온 엄마는 주인 아저씨에게 손이 발이 되도록 빌 수밖에 없었다.

"너는 도대체 커서 뭐가 되려고 이러니? 친구 집에서 몰래 가져오는 것도 부족해 이제 도둑질까지 하려는 거야?"

"엄마, 다시는 그러지 않을게요. 정말이에요. 믿어주세요."

민호는 엄마에게 다시는 그러지 않겠다고 대신했다. 매를 맞는 것이 아파서 그런 게 아니라 가게 주인이 엄마를 대하는 태도를 보고 크게 반성했기 때문이다. 그래서 가지고 싶은 것이 있으면 시간이 걸리더라도 저금을 해서 사기로 마음먹었다. 지금도 그때 생각을 하면 창피해 고개를 들 수 없다.

'이젠 열심히 돈을 모아 게임기를 살 거야' 그런데 마침 작은아버지가 오셔서 용돈을 후하게 주는 바람에 더 빨리 게임기를 살 수 있게 되었다. 돼지 저금통을 뜯으며 민호는 가슴이 부풀어 올랐다. 동전을 내밀고 게임기를 받아올 때는 자신이 대견하다는 느낌까지 들었다.

그러나 게임기를 본 엄마의 얼굴이 일그러지기 시작했다.

"너 또…."

"아니야, 엄마. 이건 내가 돈 모아서 산 거란 말이야."

"네가 돈이 어디서 나서 사?"

"내가 저금한 돈하고 작은아버지가…."

엄마는 민호의 말은 들으려고도 하지 않았다.

"너 안 되겠다. 가자. 네가 돈을 주고 샀는지 물어봐야겠다. 산 곳이 어디야? 앞장 서!"

민호는 게임기를 현관에 내던져버리고 울면서 밖으로 뛰쳐나갔다.

"엄마 미워. 내 말은 듣지도 않고!"

'전에도 그랬으니까 또 그랬을 거야'라고 함부로 단정 짓지 말자. 부모라 해도 아이를 한 번 나쁘게 생각하기 시작하면 아이의 모든 행동을 색안경을 끼고 바라보게 된다. 이렇게 되면 아이는 기대를 받지 못한다는 생각에 노력까지 포기한다. 이 때문에 엄마는 더더욱 '내 아이는 버릇이 나쁘다'라는 생각을 굳히게 된다. 악순환을 거듭하는 것이다. 실제로 대부분 문제아들은 약간의 실수 때문에 벌어진 사건이 발단이 되어 잘못된 방향으로 성장한다는 조사 결과도 있다.

이럴 땐 이렇게 엄마부터 매일 순수함을 회복하는 노력을 하세요

아이의 영혼이 흰 도화지라면 부모는 그 위에 그림을 그려 넣는 화가다. 부모가 자녀의 영혼 위에 어떤 그림을 그리느냐에 따라 자녀의 운명이 결정된다. 결국 문제아는 문제 부모가 만드는 것이다. 따라서 부모는 매일 자기 안에 있는 세상에 대한 그릇된 가치관과 싸워 순수함을 회복하는 노력을 해야 한다.

못 보던 물건을 아이가 가지고 있을 때는 표정을 바꾸지 말고 물어보자.

"멋있다. 처음 보는 것 같은데?"

"그랬구나. 다음부턴 사기 전에 엄마에게 말해주면 더 좋을 텐데."

비난하고 무시하는 엄마

"너 하는 짓이 늘 그렇지 뭐."

그저 얌전한 것만 같던 희수가 요즘 들어 하루가 멀다 하고 사고를 친다. 묻는 말에 대답도 잘 안 하고 잘못된 행동을 하고도 잘못했다는 말조차 하지 않는다. 그런 희수가 엄마는 답답하기만 하다.

"너 왜 또 그랬어?"

"저, 저기…."

"왜 빨리 대답을 못 해? 너 커서 뭐가 되려고 그러니? 누가 먼저 때렸어?"

"내, 내가…머, 먼저…."

"넌 왜 매일 그 모양이니? 근데 왜 때린 거야?"

"나, 나보고…마, 말더듬이라고 놀려서…."

같은 반 친구 강호가 말더듬이라고 놀리는 바람에 흠씬 두들겨준 모양이다. 엄마는 강호 엄마의 '아이 교육 좀 잘 시키라'는 말에 화가 나기도 했지만 말을 더듬으며 변명하는 아들의 모습을 보니 속상해서 눈물이 날 지경이다.

"네가 말을 더듬으니까 아이들이 널 놀려대지. 네가 똑똑해봐, 친구들이 널 놀리겠니? 왜 바보같이 말을 더듬어 놀림을 당하고 그래?"

"나… 난 바보 아… 아니란 말이야!"

희수는 씩씩거리며 큰 소리로 말했다.

"그러니까 더듬지 말고 천천히 말하면 되잖아? 근데 옷차림은 그게 또 뭐야? 너만 보면 울화통이 터진다. 귀신은 너 같은 골칫덩어리 말썽쟁이 안 잡아가고 뭐하는지 몰라."

"엄마는 왜, 왜 나, 나보고만 뭐라고 하세요?"

"지금 네 꼬락서니를 봐. 엄마가 뭐라고 안 하게 생겼나? 하라는 공부는 안 하고 매일 싸움질이잖아? 하기야 너 하는 짓이 늘 그렇지 뭐. 싸움질 말고 네가 뭘 할 수 있겠어. 한심한 녀석!"

아이가 나쁜 행동을 하지 못하도록 야단을 치면서, 정작 엄마의 말 때문에 아이가 더욱 나쁜 행동을 할 수 있다는 사실을 간과할 때가 있다. 예를 들면 인격이나 품성을 비난하는 모욕적인 표현이 그것이다.

"넌 제대로 할 수 있는 일이 뭐니?"

이 말을 듣고 용기를 내어 '다음엔 잘 해보자'라고 생각하는 아이는 드물다. 오히려 더 비뚤어지기 십상이다. 이러한 악순환이 계속되면 아이의 마음속에는 '나는 아무것도 못하는 사람이야'라는 부정적인 생각만 자리 잡게 된다.

엄마들은 늘 걱정이 많다. 그러다보니 장점을 찾아 칭찬해주기보다는 아이의 단점, 잘못된 점을 먼저 지적하는 경우가 많다. 엄마의 지적은 잘못된 아이의 행동을 바로잡고자 하는 마음에서 비롯된다. 그러나 그 표현 방법이 아이에게 상처가 된다면 변화를 기대할 수 없다.

엄마에게 인정받지 못하는 아이는 형제나 친구와의 관계에서도 심술을 부리는 등 문제행동을 보이기 쉽다. 엄마의 부정적인 반응은 또 다른 갈등으로 이어지는 것이다. 엄마의 긍정적인 반응이 아이의 문제 해결을 도와준다는 점을 늘 염두에 두어야 할 것이다.

 ## 비난의 말보다는 침묵이 더 나아요

GE를 최고의 기업으로 이끈 '경영의 귀재' 잭 웰치는 어린 시절 키가 아주 작고 말까지 더듬는 평균 이하의 아이였다. 그런데 친구들이 잭 웰치를 '말더듬이'라고 놀릴 때마다 엄마는 아들에게 이렇게 말해주었다.

"네가 말을 더듬는 것은 네가 매우 똑똑하기 때문이야. 네 머릿속의 생각이 네가 말하는 속도보다 빨리 움직이기 때문에 말을 더듬는 것이란다. 아마 어떤 친구도 네 똑똑한 머리를 따라갈 수는 없을 걸. 그리고 키도 문제가 되지 않아. 넌 그저 열심히 노력하기만 하면 되는 거야."

이렇게 잭 웰치는 엄마의 말을 믿고 자신이 말을 더듬는다는 사실도, 키가 작다는 것도 모르고 자랐다고 한다. 잭 웰치의 엄마는 아이의 열등감을 자부심으로 바꾸어주었다.

자신이 가진 단점을 장점으로 바라보도록 가르칠 능력이 없는 엄마라면, 비난의 말이 튀어나오려 할 때 차라리 침묵하자. 그러면서 엄마의 복잡한 감정을 정리하고, 내 아이가 가진 재능을 인정하는 말을 생각해보도록 하자.

자녀를 화풀이 대상으로 삼는 엄마

주연 아빠의 입사 동기인 노부장의 집들이에서 돌아오는 차 안, 엄마의 짜증으로 차 안의 분위기는 냉랭하기만 하다.

"피아노면 피아노, 노래면 노래, 그 집 애는 못 하는 게 없던데 너는 그게 뭐니? 뭐든 하나라도 하면 되지 그걸 못 해가지고 바보같이 울긴 왜 울어? 내가 창피해서 못 살아 정말."

"그거야 당신이 애를 닦달하니까 그렇지."

"잘난 남편에 잘난 애들까지. 미나 엄마는 무슨 복이 그렇게 많은지. 어휴, 난 지지리 복도 없지."

주연이는 생각한다.

'엄마는 왜 그럴까? 언제는 다른 것은 못 해도 괜찮으니 공부만 열심히 하면 된다고 해놓고서….'

그러나 집에 돌아와서도 엄마의 짜증은 가라앉지 않았다.

"주연아, 이게 뭐야. 옷을 벗었으면 바로 옷걸이에 걸지 못하니? 넌 손이 없니, 발이 없니? 엄마가 네 종이니? 그리고 책상이 이게 뭐야. 제발 정리 좀 해라. 짜증 나서 못 살겠다."

"이따 치울 거예요."

"이따가 언제? 치우라면 치울 것이지 웬 잔말이 그렇게 많아? 언제까지 엄마가 너 뒤치다꺼리를 해야 하겠니? 어쩌면 애나 아빠나 스스로 할 줄을 모를까. 집에서 새는 바가지 밖에서도 샌다더니, 그러니까 동기는 부장인데 아직도 과장 자리에서 맴돌겠지. 어휴! 하나 같이 도움이 안 돼요. 도움이."

"…."

"넌 아기도 아니고 네가 먹은 간식 그릇 하나도 못 치우니? 이게 뭐야, 달라붙어서 닦이지도 않잖아!"

주연이는 방으로 들어가 일부러 음악을 크게 틀었다. 엄마의 고함소리만 들으면 가슴이 떨리기 때문이다.

'아, 또 시작됐다. 무서워. 언제쯤이면 끝날까?'

아이가 노래를 못 하고 남편이 승진하지 못한 것이 마치 자신이 망신을 당하고 체면을 깎였다고 생각하는 엄마. 분을 참지 못하고 아이에게 화풀이를 한다. 그러는 동안 아이는 점점 위축된다. 주변에서 흔히 볼 수 있는 장면이다. 아이와 엄마 사이는 한쪽은 일방적으로 지도를 받는 쪽이고 다른 쪽은 지도를 하는 쪽이므로 그만큼 엄마는 아이에 대해서 압도적인 우위의 입장에 서 있다. 그래서 아이는 엄마가 화내는 것이 부당하다는 걸 알면서도 엄마 앞에서 한 발 물러설 수밖에 없다. 그리고 스스로 엄마의 기대에 미치지 못하는 못난 자식이라고 여겨 더욱 의기소침해진다.

집안일 하랴, 바깥일 하랴 바쁜 엄마는 자기 뜻대로 일이 안 풀리면 그 스트레스를 아이들에게 풀기 쉽다. 게다가 아이가 엄마 마음을 몰라준다고 여기면 맘에 없는 말까지 전부 해버리게 된다. 그러나 아이들은 어른들에 비해 직감이나 본능이 강해서 우리 어른들이 생각하는 것보다 훨씬 더 눈치가 빠르다.

아주 어린 아이라 해도 엄마가 무슨 일 때문에 화가 났는지 정확히 알지는 못해도 자기 때문인지, 아니면 다른 일로 생긴 화를 자기에게 푸는지 정도는 다 안다. 자신에게 화풀이를 한다는 것을 안 아이는 상처받고, 더 나이를 먹으면 엄마의 그러한 행동을 히스테리 정도로 치부해 반항심을 키운다.

엄마도 인간이기 때문에 짜증도 부리고 화도 낼 수 있다. 하지만 잠시 멈추고 그 짜증이나 화가 어디에서 오는지, 혹시 부당한 화로 아이에게 수치심을 안겨주지는 않는지 생각해보자. 더 중요한 것은 엄마 자신이 스트레스를 풀 수 있는 방법을 찾아보는 것이다. 예를 들어 혼자서 바람을 쐬는 것도 좋고, 친구와 차 한 잔 마시며 이야기를 나누는 것도 분위기를 바꿀 수 있는 좋은 방법이다.

엉뚱한 화풀이로 사랑하는 자녀에게 상처를 주는 것이 진정 엄마가 원하는 것인지 생각해보자.

위협하고 으름장 놓는 엄마

"한 번만 더 그러면 쫓아낼 거야!"

"엄마, 나 오늘 친구네 집에 놀러 가면 안 돼요?"

학교를 마치고 돌아 온 우성이가 조르듯 말했다.

"안 돼! 가긴 어딜 간다고 그래?"

"친구들 다 모인다고 했는데….”

"아니, 한 번 안 된다면 안 되는 줄 알지 얘가 웬 말이 이렇게 많아. 버릇 없게!"

우성이는 "안 된다"라는 엄마의 단호한 말에 더 이상 아무 말도 꺼낼 수가 없었다. 엄마는 엄마대로 형편없는 점수를 맞고도 친구 집에 놀러 가겠다는 아이가 한심하기까지 했다.

"시험을 그렇게 못 보고도 놀 생각을 해? 공부 못하면 사람 취급도 못 받아. 어서 틀린 문제나 다시 풀어! 30분 후에 검사할 테니까."

우성이는 책상 앞에 앉아 시험지를 펼쳤지만 재미있게 놀 친구들의 모습이 떠올라 집중할 수 없었다.

'에이, 10분만 게임하고 풀어도 되겠지.'

컴퓨터를 켰지만 탁, 탁 소리만 날뿐 부팅이 되지 않았다. 언젠가도 비슷한 현상으로 서비스 기사가 방문해서 수리를 했는데, 본체를 열어 먼지를 제거하니 신기하게 멀쩡해졌던 기억이 떠올랐다. 우성이는 컴퓨터를 열어 보았다. 하지만 막상 기계를 살펴보니 잘 기억이 나지 않아 이것저것 건드려보던 중 엄마가 방문을 열었다.

"아니, 하라는 공부는 안 하고 너 지금 뭐하는 거야?"

“컴퓨터가 켜지질 않아서….”

“틀린 문제 풀라고 했지 누가 너더러 컴퓨터 하랬어? 그리고 이게 뭐야? 이 컴퓨터 사느라고 얼마나 힘들었는지 알기나 해? 그대로 둬! 내일 서비스 직원 불러서도 안 되면 이제 컴퓨터고 뭐고 없으니 그리 알아!”

엄마는 버럭 소리를 지르며 화를 냈다. 우성이는 고개를 푹 숙인 채 듣고만 있었다.

“아무짝에도 쓸모없는 녀석! 한 번만 더 이런 것 만지면 그때는 쫓아낼 줄 알아!”

우성이는 그래도 다시 해보면 뭔가 될 것도 같아 컴퓨터를 붙들고 씨름했다. 그리고 다시 원래의 상태로 되돌려 시험을 해보았다. 신기하게도 띠딩~ 하고 경쾌한 소리를 내며 파란 화면이 되살아났다. 그러나 엄마는 칭찬은커녕 오히려 불같이 화를 냈다.

“엄마 말을 뭘로 아는 거야? 엄마가 다시 만지지 말라고 했어, 안 했어? 말 안 듣는 자식은 소용없어. 쫓겨나 봐야 정신 차릴래?”

엄마는 단순히 자신의 말을 어기고 다시 컴퓨터에 손을 댄 우성이가 마음에 들지 않아 화를 내는 것이다.

“어른 말 안 듣는 사람이 커서 뭐가 되겠어? 이번엔 용서해주지만 한 번만 더 엄마 말 어기면 그땐 정말 가만 안 둘 거야. 빨리 틀린 문제나 풀어!”

그러나 우성이는 그 말을 새겨듣지 않는다.

'흥! 또 그 소리. 겉으론 겁먹은 척 해도 난 속으로는 눈 하나 깜짝하지 않아. 그리고 중학생이 되면 내 발로 집을 나가버릴 거야. 그땐 엄마 속이 시원하겠지?'

많은 부모들은 과거 가부장적 전통 사회의 엄격하고 권위적인 양육 방식 속에서 자랐다. 그러다보니 자기도 모르는 사이에 저절로 몸에 밴 습성으로 아이에게 여러 가지 한계를 정해놓고 어떠한 설명도 없이 엄격한 복종을 기대한다. 단지 아이가 부모의 말에 반하는 행동을 했다는 이유로 꾸짖고 벌을 준다.

이런 부모 밑에서 자란 아이는 성격에 따라 극과 극의 양상을 보인다. 첫째, 좋지 않은 감정을 표현하는 것은 나쁜 일이라고 여겨 무표정하게 입을 꼭 다물고 있는 등 의기소침한 행동을 보인다. 커서는 강박적이라 할 만큼 남의 눈치를 보고, 남보다 못하다고 생각하는 마음이 깔려 있어 늘 자신감이 부족하다.

다른 하나는 부모에게 반항적이며, 집에서 받은 억압을 사회에서 해소하려 드는 반사회적인 행동을 보이는 경우다. 내적 불만이 사회로 향하여 기존 질서를 무시하려 들고 다른 이들과 갈등에 휩싸이기 쉽고 화를 잘 내는 폭력적인 사람이 되기 쉽다.

아이라고 해서 엄마의 말을 무조건 새겨듣는 것은 아니다. 엄마의 말이 잔소리라고 생각하면 아이는 귀를 막고 듣지 않는다. 귀에 못이 박히도록 말했는데도 별로 나아진 게 없다면 이 때문이다.

　가족은 상하 개념으로 묶을 수 있는 관계가 아니다. 다시 강조하지만 부모의 가장 큰 역할은 아이의 행동을 통제하고 지시해서 부모가 원하는 대로 하도록 하는 것이 아니라, 아이 자신의 관심사와 바람에 따라 성장하도록 돕는 것임을 명심해야 한다.

이럴 땐 이렇게 협박하지 말고 실천할 수 있는 행동 지침을 제시하세요

가끔 엄마들 중에 타협이란 어른하고나 하는 일이라고 생각하는 사람들이 있다. 그래서 아이들과는 대화나 타협을 하려 들지 않고 위협하거나 으름장을 놓는 경우가 있다. 문제는 그 행위를 잘못됐다고 생각하지도 않을뿐더러 설사 다소 잘못됐다 하더라도 자녀를 위한 행동이기 때문에 어쩔 수 없다고 합리화하는 경우가 많다는 것이다.

아이가 잘못을 저지르거나 말을 거역하면 소리치며 위협하지 말고, 아이가 곧 실천할 수 있는 행동 지침을 제시해주어야 한다.

어떤 지침도 없이 그저 엄마의 권위만을 내세우는 일들이 반복된다면, 아이는 자기도 모르게 엄마를 무시하게 된다. 엄마의 위협이 아이를 바른 길로 이끌고자 하는 간절한 마음에서 나온 것이라면 그 방법을 바꾸어야 한다. 내가 사랑하는 아이가 나를 무서워하거나 피한다면 엄마의 교육 방법에 분명 문제가 있는 것이다.

내 아이 비뚤어지게 하는 한마디

1등이 아니면 안 되는 엄마

"넌 꼭 일류대 가야 해!"

선생님이 시험지를 나눠주고 있는데 미래의 머리가 또 아파 왔다. 언제부터인가 시험시간만 다가오면 그동안 아무렇지 않았던 배나 머리가 살살 아프기 시작했다. 다행히 문제를 풀기 시작하자 증세는 사라졌고 공부한 부분에서 문제가 많이 나와서 술술 풀 수 있었다.

미래는 2등을 했다. 뛸 듯이 기뻤다. 지난번엔 3등을 했는데 새벽 6시에 일어나 열심히 공부한 덕분에 성적이 오른 것이다. 미래는 하늘을 나는 듯한 마음으로 집에 도착했다.

"엄마, 나 성적 올랐어. 평균 98점이야, 5점이나 올랐어."

"그래? 정말 잘했다. 이번엔 잘할 줄 알았어. 98점이면 1등이겠네."

“아니, 등수로는 2등이야.”

그 순간 엄마의 얼굴에서 웃음이 사라졌다.

“2등이라고? 1등은 누가 했어?”

“진수.”

갑자기 엄마의 표정이 어두워졌다.

“너 더 열심히 해야겠다, 1등 하려면. 조금만 더 하면 1등할 수 있어.”

“그래도 올랐잖아요. 우리 반에서 2등이면 아마 전체에서도 2등일걸요.”

미래는 어떻게든 엄마의 칭찬을 듣고 싶었다. 그러나 엄마는 단호했다.

“넌 꼭 일류대 가야 해. 그러려면 초등학교 때부터 1등을 놓쳐서는 안 돼. 알았니?”

“하지만….”

“뭐가 하지만이야? 다음 번 시험에선 꼭 1등해야 해. 이제부턴 1시간 늦게 자도록 하자. 엄마가 시키는 대로 하면 1등은 문제없어. 알겠니?”

미래는 실망했다. 조금 전까지 느꼈던 뿌듯함은 온데간데없이 사라졌다.

‘성적이 오르면 뭐해? 1등이 아니면 안 되는데.’

1등을 하기 위해 자기 전에 한 시간씩 더 공부해야 할 것을 생각하니 한숨만 나온다.

“휴~ 갑자기 지구가 멸망해버렸으면 좋겠다.”

자기 뱃속에서 자라고, 자기 배 아파 세상에 내놓았다는 생각에 엄마는 간혹 무례한 생각을 한다. '아이는 내 것'이라는 소유의식이 그것이다. 소유의식은 아이가 개성이 강한 존재로 자라주기를 바라면서도 한편으로는 부모가 원하는 인생을 살아주기 바라는 모순된 소망을 갖게 한다. 그래서 아이를 기다리고 지켜봐 주지 못한다.

소유의식은 강한 기대를 낳고 기대는 또 집착을 낳는다. 집착은 눈만 흐리게 할 뿐이다. 자식을 소유물로 여기면 아이를 제대로 볼 수 없다. 무슨 생각을 하고 있는지, 무슨 고민을 하고 있는지 엄마의 욕심에 가려 깨닫지 못한다. 내 뱃속에서 나온 아이, 그래서 한편으로는 나와 닮은 아이지만 너무도 다르게 사는 법을 터득해가고 있는 아이를 있는 그대로 받아들일 수 있어야 한다. 아이에게 엄마 앞에서라면 자신을 있는 그대로 보여도 된다는 안정된 정서를 갖게 해주어야 한다.

이럴 땐 이렇게 엄마는 매니저가 아니라 후원자가 되어야 해요

어떤 사람이 고치에서 나방이 빠져나오는 모습을 보고 있었다. 좁은 구멍을 통해 온몸을 비집고 밖으로 나오려는 나방의 모습이 보기에도 안쓰러웠다. 그래서 그는 칼로 단단한 껍질에 구멍을 조금 따주었다. 덕분에 나방은 손쉽게 고치에서 나올 수 있었다. 그러나 결과는 좋지 않았다. 어린 나방은 날개를 펼 힘을 스스로 갖지 못해 결국 하늘을 날 수 없었다.

어린 나방에게는 좁은 통로를 빠져나오기 위한 몸부림이 필요했던 것이다. 이처럼 자녀에게도 시간이 필요하다. 사랑하는 자녀가 잘되기를 바라는 것은 당연하다. 그러나 엄마의 바람을 강요해서는 안 된다. 강요는 결코 오래가지도 못하고 오히려 해가 될 수 있다.

엄마는 매니저가 아니다. 자신의 욕심과 사회적인 잣대로 아이를 바라봐서는 안 된다. 엄마는 보호자가 되어야 하고, 좋은 품성을 가질 수 있도록 이끌어야 하며, 자녀의 행복을 가까이에서 지켜보는 후원자가 되어야 한다. 이것이 엄마의 역할이다.

조건부 보상만을 내거는 엄마

"1등 하면 원하는 것 해줄게."

찬이는 학교에서 돌아오기가 무섭게 엄마를 찾았다.

"엄마! 엄마! 나 100점 받았어요."

"정말이야? 우리 찬이 장하다. 어떻게 100점을 받았을까?"

"새벽에 일찍 일어나 공부했거든요. 빨리 게임기 사줘요."

"게임기?"

"네, 빨리요."

"그런데 달랑 사회만 100점인데? 다른 과목은 형편없잖아."

"에이, 한 과목이라도 100점 맞으면 사준다고 했잖아요."

"그래, 당연히 사줘야지."

엄마는 찬이가 진짜 100점을 맞으리라고는 생각지도 못했다. 게임기를 사달라고 조르는 바람에 단지 그 순간을 모면하고자 무심코 던진 말이었다. 하지만 뜻밖의 효과가 있다고 생각한 엄마는 그 후로도 계속 이런 식의 조건을 걸고 보상을 했다. 때로 찬이가 먼저 거래를 제시하기도 했다.

"이번 시험에서 두 과목 100점 받으면 뭐 사주실래요?"

"공부를 열심히 하는 건 당연한 거 아니니?"

"에이, 그럼 나 공부 안 할래요."

찬이는 더 이상 보상이 없는 행동은 하지 않으려 들었다.

"알았어. 원하는 것이 뭔데? 사줄 테니 공부나 열심히 해."

어떤 날은 시험이 다가왔는데도 놀고 있자 엄마가 아이를 자극했다.

"너 두 과목 100점 받아야 나이키 운동화 사준다고 했다?"

"운동화 필요 없어요. 할머니가 사준다고 했어요."

많은 부모들이 공부를 시키기 위해 아이에게 달콤한 보상을 제시한다.

"숙제 다 하고 나면 게임할 수 있게 해줄게."

"시험만 끝나면 마음껏 놀게 해줄게."

이런 달콤한 말들로 공부에 대한 동기를 높여줄 수 있다고 생각하지만 사실은 그렇지 않다. 오히려 숙제 그 자체, 공부를 하는 것 자체에 흥미를 느끼지 못하도록 한다. 염불보다 잿밥에 관심을 두는 것과 같은 이치다.

이처럼 '네가 ~한다면 ~을 해주겠다' 라거나 '네가 ~하지 않는다면 ~을 해주겠다'와 같이 무턱대고 조건을 제시하는 것은 잘못된 방법이다. 당장 눈에 보이는 효과를 거둘 수는 있을지 몰라도 지속적인 효과를 바랄 수 없기 때문이다.

부모가 원하는 행동을 보상으로 내걸 때, 아이들은 의도적으로 못된 짓을 하기도 한다. 바른 행동을 하고 부모로부터 대가를 받으려는 목적에서다. 보상으로 아이의 행동을 개선하고 싶다면 적절하고 유익한 방법을 고민해 보자.

이럴 땐 이렇게 조건부 보상이 필요할 때도 있어요

조건부 보상이 반드시 나쁜 것만은 아니다. 잘 사용하면 긍정적으로 작용할 때도 있다. 만약 조건부 보상을 해야 할 때는 아이들이 쉽게 따라 할 수 있는 것들로 정해야 한다. 즉 갈등을 불러일으키지 않고 잘 따라할 수 있는 것들이어야 한다. 예를 들어 모임이나 행사에 아이들을 데려가려는데 약간의 조치가 필요할 때가 있다. 이런 때 '~하면 ~해줄게' 라는 거래를 하는 것은 효과적이다.

"오늘 모임에서 의젓하게 행동하면 오후엔 친구들하고 마음껏 놀게 해줄게."

이런 조건이라면 아이는 어렵지 않게 받아들인다. 보상이란 사전 예고 없이, 기대하지도 않았는데 칭찬의 대가로 받을 때 가장 유익하다.

친구까지 골라주는 엄마

"야, 김훈! 어디 가냐?"

엄마와 훈이가 길을 가고 있는데 또래 아이들이 아는 체를 했다. 엄마가 물었다.

"못 보던 애들인데, 누구니?"

"우리 반 친구들. 노란 티셔츠 입은 애 있지? 이름이 희순데 걘 아빠가 일찍 돌아가셨대. 집도 가난한가봐. 불쌍한 애야."

"그래? 다른 애는?"

"걘 게임 고수야. 우리가 못 깬 거 다 깼어. 프로게이머가 될 거래."

"너 재네랑 놀지 마. 알았어!"

"왜?"

"왜는 왜야! 엄마가 놀지 말라면 놀지 마!"

훈이는 애원하는 눈빛으로 물었다.

"재네랑 제일 친한데, 그럼 난 누구랑 놀아?"

"그 누구더라. 음… 진수. 맞아! 진수랑 놀면 되지. 공부도 잘하고 착해 보이던데."

"진수 같은 애들은 나랑 잘 안 놀아. 그런 애들은 공부 잘하는 애들이랑

만 논단 말이야.”

“그래도 쟤네는 안 돼!”

“난 아까 걔네랑 친하고 싶어. 나한테 정말 잘해준단 말이야.”

엄마는 단호하게 잘랐다.

“안 돼. 그 애들하고 어울리지 마. 공부 열심히 하는 애들하고 놀아야 해. 괜히 나쁜 친구들 사귀었다가 물들면 어쩌려고 그래.”

“나쁜 애들 아니라니까요!”

“왜 이렇게 엄마 말을 안 들어? 엄마가 다른 친구들 사귈 수 있게 해줄게.”

훈이는 희수 얘기를 했을 때 엄마가 “그렇구나, 참 불쌍한 아이구나. 도와줄 수 있는 길을 알아봐야겠다”라고 할 줄 알았다. 유치원에서도 학교에서도 그렇게 배웠다. 그런데 엄마의 반응이 이상하다. 도대체 뭐가 정답일까?

엄마들은 아이의 교우관계를 성적 다음으로 중요하게 여긴다. 내 아이가 혹시라도 친구를 잘못 사귀어 나쁜 길로 빠지지나 않을까, 또는 공부를 소홀히 하지 않을까 늘 노심초사한다. 그래서 이웃집 아이가 엄마 맘에 들지 않을 경우에는 아예 사귀지도 못하게 하고 차라리 혼자 놀게 하기도 한다. 또 불안한 마음에 아이들끼리 놀지 못하도록 집에만 가둬 키우거나, 일일이 쫓아다니며 엄마 치마폭에서만 자라게 하기도 한다.

그러나 아이는 혼자 노는 것보다는 되도록 여러 친구와 사귀는 것이 좋다. 아이가 새로운 무리와 어울리고 새 친구를 사귀며 또래 아이들에게 거

부당했을 때 대응하는 능력을 길러야 자기조절 능력이 생기기 때문이다. 또 어려서부터 다른 사람에게 양보하는 마음을 키워주고 친구에 대해서 편견을 가지지 않도록 가르쳐야, 교우관계뿐 아니라 성인이 되어서도 원만한 대인관계를 유지할 수 있다.

이럴 땐 이렇게 편견 없이 친구들과 어울릴 수 있도록 도와주세요

미국의 인류학자 마가렛 미드는 아버지 직장 때문에 자주 이사를 다녀야 했다. 그때마다 어머니는 이사한 곳에서 미드가 여러 아이들과 잘 어울릴 수 있도록 친구를 찾아주었다. 미드의 어머니는 어떤 동네에 살든 피부색이 어떻든 상관하지 않고 놀이 상대가 되어줄 아이는 무조건 환영했다.

현명한 엄마라면 자녀가 편견 없이 여러 아이들과 어울릴 수 있도록 적극적으로 도와주어야 한다.

엄마의 편견은 아이에게도 옮는다. 편견 속에서 자란 아이들은 성인이 되어서도 다른 사람을 사귀어보지도 않고 미리 판단하는 사람이 되기 쉽다. 이런 태도를 갖는다면 원만한 사회생활을 기대하기 어렵다. 부모는 아이가 폭넓은 대인관계를 갖도록 도와주어야 한다. 부득이하게 아이의 환경이 자주 바뀔 때는 미드의 엄마처럼 적극적으로 아이의 교우관계를 신경 써주는 것이 바람직하다.

과잉보호하는 엄마

세 식구가 둘러앉은 식탁. 젓가락만 빨던 아빠가 한마디 한다.

"반찬이 뭐 이래? 순전히 아이 먹을 것밖에 없잖아. 힘들게 일하는 남편한테 이래도 되는 거야?"

"당신은 어른이잖아요. 대충 먹어요."

"뭐가 있어야 먹지?"

"오늘따라 아이도 안 하는 반찬 투정을 하고 그래요?"

"애야 반찬 투정 할 필요가 없지. 온통 애들 반찬이잖아. 나한테도 신경 좀 쓰라고."

"나 바빠요. 빨리 들고 일어나요! 아유, 우리 준상이 다 먹었네."

엄마는 아이를 졸졸 따라다니며 말을 건넨다.

"숙제는 잘 챙겼니? 체육복은?"

아이가 집을 나서려고 하자 다시 한 번 확인을 한다.

"어디 보자. 빠진 건 없겠지? 준비물은? 이런, 빼먹었잖아! 이러면서 혼자 한다고 그래. 안 되겠다. 내일부턴 다시 엄마가 일일이 다 챙겨주어야지."

"엄마, 이따 비오면 어떡하지?"

"걱정 마. 엄마가 우산 갖고 갈 테니."

엄마는 아이가 학교에 가고 나서도 혹시라도 잊어버리고 간 것이 있으면 학교까지 달려가 전해준다. 물건을 잃어버려도 어쩌다가 잃어버렸는지 묻지도 않고 냉큼 다시 사준다. 날씨가 갑자기 변덕을 부려 추워지면 코트를 들고 학교로 달려가 아이에게 전해준다. 짝꿍이 싫다고 하면 담임선생님을 만나 자리를 바꿔달라고 사정을 한다. 친구의 장난감을 부러워하면 금세 똑같은 것을 사주고, 다른 아이들과 다투면 엄마가 나서서 사과를 한다. 모든 것을 미리미리 준비를 해주는 것은 물론이고 뒤처리까지 해준다.

요즘 엄마들의 상당수가 아이를 과잉보호하는 경향이 있다. 그러나 과잉보호가 아이에게 나쁜 영향을 줄 수도 있다는 것을 알아야 한다. 엄마가 항상 알아서 다 해주니까 아이들은 자신이 한 행동에 대해서 책임지거나 싫은 일을 참아내는 경험을 하지 못한다. 이런 아이들은 자라서도 누구에게 의존하려는 습관을 버리지 못하는 경우가 많다.

아이들은 체험을 통해서 학습한다. 준비물을 잊고 가 선생님에게 꾸지람을 듣기도 하고, 친구에게 아쉬운 소리를 해가며 빌려 쓰기도 하면서 자신의 실수를 만회할 방법을 연구한다. 이런 과정에서 아이들은 나름의 사회성을 터득하는 것이다.

아이의 모든 것을 지나치게 완벽히 채워주다 보면 도전 정신이나 생존력을 배울 틈이 없어진다. 이렇게 자라면 어른이 되어서도 '어떻게든 되겠지.

엄마가 알아서 해주겠지'라는 생각을 하면서 늘 부모에게 의존하는 '어른 아이'가 되어버린다.

너무 부드러운 흙에 뿌리를 내린 식물은 멀쑥하게 키만 커서 조그만 충격에도 넘어지거나 쑥 뽑혀버린다. 물을 너무 많이 먹은 나무는 뿌리가 썩어 마침내 하나둘씩 잎이 떨어져 죽는다. 모든 게 충족되면 이처럼 강인함을 잃어버리고 태만에 빠지기 쉽다. 비바람을 견뎌내고 지독한 가뭄을 견뎌낸 나무가 무성하게 잘 자라는 것처럼 부모의 적절한 보호가 아이를 강하게 만든다.

이럴 땐 이렇게 괴테가(家)의 자녀교육이 전하는 성공과 실패

자녀교육의 대표적인 사례로 세계적인 대문호 괴테의 가문을 꼽는다. 다방면의 체계화된 과외로 세계적인 문호가 되었을 뿐 아니라 당대에 귀족 칭호까지 받았기 때문이다. 괴테 가문은 할아버지가 여관업을 해서 재산을 많이 모았다. 괴테의 아버지는 법대를 나와 공직에 오르기도 했으나 일정한 직업이 없이 생활했다. 따라서 아버지는 괴테만큼은 큰 인물이 되기를 바랐다. 그래서 당대 명문가처럼 최고의 가정교사에게 문학과 예술, 종교, 외국어 등 다방면에 걸친 교육을 받도록 했다. 괴테가 대문호가 되기까지는 아들을 꼭 성공시켜야겠다는 목표 의식을 가진 괴테 아버지의 적극적인 노력의 힘이 컸다.

그러나 정작 괴테는 자녀교육에 실패하고 말았다. 괴테는 외아들 아우구스트에게 부친이 했던 것과 똑같이 과외를 시켰다. 그러나 아우구스트는 아버지 만큼 문학적 천재성을 발휘하지 못했다. 아우구스트에게 아버지의 그늘은 너무도 짙었다.

게다가 괴테는 자녀를 과잉보호했다. 괴테는 아들의 공부, 대학 진학, 취직, 여행, 군

대 문제까지 본인이 직접 챙겼다. 전쟁 중에는 손을 써 아들을 전투에서 빼돌려 후방에서 군수품을 공급하는 일을 하도록 했다. 늘 아버지의 그늘에서 살아가던 아우구스트는 결국 41세에 요절하고 말았다.

아이에게는 품에 꼭 안고 있다가, 거리를 두고 지켜보다가, 마침내 놓아주는 부모가 필요하다. 특히 엄마는 그래야 한다. 현명한 엄마란 아이가 자라남에 따라 자신의 역할이 달라진다는 것을 분명히 아는 엄마다.

사사건건 간섭하는 엄마

"다 너를 위해서야."

학교에서 돌아온 장호가 신발을 벗으며 들어왔다.

"신발 아무렇게나 벗어놓지 마라."

가방을 내려놓으려는 장호에게 엄마가 또 한마디 했다.

"가방 거기다 놓지 말고 네 방으로 가져가!"

"그러려고 했어요."

"뭐가 그래. 엄마가 말 안 했으면 그냥 내려놓으려고 했잖아."

"아니에요."

장호는 방으로 들어가 내팽개치듯 가방을 내려놓았다.

"어서 씻고 옷 갈아입어! 벗은 옷은 세탁기에 넣고."

“알아서 할 거예요.”

“학원 가기 전에 숙제 하고 가야지? 좀 알아서 하면 어디가 덧나니?”

“알아서 해요.”

말은 그렇게 하면서도 장호는 움직이려 하지 않는다.

“어서 씻고 숙제 하라니까 뭐하고 있어?”

“알아서 한다니까요. 에잇”

장호는 신경질적으로 웃옷을 벗어던지며 소리를 질렀다. 그런 모습에 엄마도 화가 났다.

“아니, 너는 엄마가 말하면 그냥 ‘네’라고 대답하면 어디가 덧나니? 네가 어린애야? 이제 4학년이야, 4학년!”

“엄마가 시시콜콜 간섭을 하니까 그렇잖아요. 가만히 놔둬도 알아서 할 수 있어요.”

“뭐라고? 네가 무조건 알아서 한다고 하면서 실제로 알아서 하는 게 뭐가 있어? 항상 시켜야 하잖아!”

엄마의 언성이 높아지기 시작했다.

“그리고 ‘에잇!’이라니 그 말투는 뭐야? 너 혼 좀 나볼래?”

“엄마는 만날 잔소리만 해. 내가 무슨 죄졌어요? 우씨!”

“아니. 이 녀석이 말끝마다 욕이야. 너 어디서 배워 먹은 말버릇이야? 누가 그런 말 하래?”

엄마는 주위에 매로 사용할 만한 것이 없는지 둘러보았다.

"우씨!"

"아니, 이 녀석이 또. 너 이리 와!"

엄마는 막대자로 장호의 엉덩이를 몇 대 때렸다. 그러자 장호가 금방이라도 엄마를 때릴 것처럼 달려들더니 막대자를 빼앗아 부러뜨려버렸다. 엄마는 더욱 화가 나서 손으로 몇 대 더 때렸다. 그랬더니 이번엔 주먹으로 벽을 마구 치는 것이었다. 엄마는 아연실색하고 말았다.

'애가 왜 이렇게 반항적으로 변했지?'

엄마가 지나치게 간섭하고 잔소리를 해야 움직이는 아이는 나이를 먹어서도 스스로 생각해서 행동하지 못하는 '손가락 인간'이 된다. 손가락 인간이란 누군가 손가락으로 지시를 해야만 행동하는 사람을 일컫는다.

몇 번을 말해도 듣지 않는 아이는 자신이 하지 않으면 엄마가 대신 해줄 것을 미리 알고 있다. '안 하고 버티면 엄마가 해준다'라는 것을 이미 알아버린 아이는 귀찮고 시끄럽지만 엄마의 말을 흘려버리면 그만이라고 생각한다. 자랄수록 더욱 '말하지 않으면 하지 않는 아이'가 되어 게으르고 의존하는 사람이 된다는 얘기다.

기다릴 줄 아는 엄마가 되어야 한다. 참견하지 않고, 잔소리하지 않고 그저 믿고 바라봐주는 것은 잔소리를 하는 것보다 어려운 일이다.

사사건건 간섭하는 엄마라면 하루 일과를 녹음해보는 것은 어떨까? 아마 엄마들은 자신이 녹음한 것을 들어보고는 사사건건 지시하고 있는 자신의 화난 목소리에 스스로 깜짝 놀라며 반성하게 될 것이다.

마냥 간섭하지 말고 방법을 바꾸어 스스로 하는 아이로 만들자. 언제까지나 아이 뒤를 따라다니며 대신해줄 수는 없는 일. 자기가 하지 않으면 불편해지고 손해를 본다는 경험이 쌓이면 말하지 않아도 척척 알아서 하는 아이로 만들 수 있다. "네가 만날 옷 벗어서 아무데나 두면 엄마가 일일이 찾기가 어려워. 세탁물을 꼭 바구니에 넣어줘"라며 콕 집어 엄마의 기분을 설명해주고 아이가 할 일을 명확하게 알려주는 것도 중요하다.

때리는 엄마

"맞아야 정신을 차리지."

철호 엄마는 선생님의 전화를 받았다. 철호가 또 반 친구를 심하게 때렸다고 했다.

"애들이 다 싸우면서 크는 거죠, 뭐."

철호 엄마는 웃음을 섞어가며 별일 아니라는 듯 말했다.

"정도가 좀 심해요. 학부모들 원성이 커요. 문제는 철호가 잘못했다고 생각하지 않는다는 거예요.”

선생님은 철호의 상태가 심각하다고 덧붙였다. 학교에서 돌아온 철호를 엄마가 불렀다.

“너 이리 와봐.”

“왜요?”

“엄마가 부르는데 왜요라니? 빨리 안 와!”

“근데 엄마는 왜 소리를 지르고 그래요?”

아이의 말소리도 처음보다 한 단계 높아졌다.

“이 녀석아, 오늘 선생님이 전화했어. 학교에서 왜 쌈질이야?”

“맘에 안 들어 몇 대 때려줬을 뿐이에요.”

철호는 대수롭지 않다는 듯 대답했다.

“말로 하면 되지 왜 때려? 네가 깡패니?”

순간 철호가 버럭 소리를 지른다.

“그래요. 난 깡패예요.”

“어디 엄마한테 큰 소리야! 이 녀석이 맞아야 정신을 차리지.”

엄마의 손이 올라감과 동시에 철호가 엄마의 손을 뿌리쳤다.

“봐요. 엄마도 걸핏하면 때리잖아요. 엄마가 때리는 건 괜찮고 내가 때리는 건 잘못된 거예요?”

“내가 때리는 건 네가 미워서가 아니라 잘되라고 때리는 거야.”

"거짓말하지 말아요. 나도 그쯤은 다 알고 있어요!"

철호의 입장에서는 엄마가 어떻게 포장을 해도 폭력은 폭력일 뿐이다. 어릴 때부터 엄마는 철호가 마음에 들지 않는 행동을 하거나 잘못을 저질렀을 때 말로 타이르기보다는 손부터 올라가고 소리를 질렀다. 그걸 보고 자란 철호도 친구들이 자기 말을 따라주지 않을 때는 손찌검을 하거나 윽박질렀다. 그것은 철호가 엄마한테 배운 나름의 대화 방법이었기 때문이다.

철호 엄마는 늘 이렇게 생각했다.

'애들은 때려야 말을 들어. 버릇을 고치려면 어쩔 수 없지. 그리고 다 저 잘되라고 하는 건데, 뭐.'

그러나 처음 한 대로 말을 들었던 철호가 어느 순간 다섯 대를 맞아야 말을 들었고, 열 대, 스무 대 계속 그 수를 늘려야 했다.

무작정 아이의 버릇을 잡겠다고 매로 다스리면 아이는 바뀌지도 않을 뿐더러 부모 자식 관계도 멀어지고 만다. 부모는 아이가 매를 맞으며 무엇을 잘못했는지 깨닫기를 바라지만, 아이가 느끼는 감정은 두려움과 고통일 뿐이다.

엄마가 아이를 '말 안 듣는 고집 센 놈', '매를 들어야만 말을 듣는 놈'으로 보는 한 아이는 반항을 멈추지 않는 문제아로 굳어질 가능성이 크다. 아이를 망치는 엄마가 되고 싶지 않다면 매를 들기 전에 한 번 더 생각하자. 소리치고 때리는 것 말고 할 수 있는 일이 무엇인지. 그리고 주변의 아이와 관계가 좋은 엄마들이 아이를 어떻게 다루고 대화하는지 둘러보는 것도 좋다. 가장 중요한 것은 매를 들어야 말을 듣는다는 엄마의 편견을 버리는 일이다.

 매는 두려움과 고통만을 안겨주어 반항심을 생기게 해요

프랑스의 시인 랭보는 엄격하고 폭력적인 엄마 밑에서 학대받으며 자랐다. 마음이 약했던 랭보는 자신을 때리는 엄마를 원망하지 않고, 오히려 엄마에게 사랑받지 못하는 원인이 자신에게 있다고 판단했다.

랭보는 세계적인 문호로 이름을 얻기는 했지만 어릴 때 겪은 불안이나 원망, 두려움 같은 부정적인 감정이 내면에 쌓여 알코올과 마약 중독되어 평생 굴곡진 인생을 살았다.

사랑을 이유로 폭력을 휘두르는 행위는 삼가야 한다. 매로 다스리지 말고 설득과 대화를 통해 아이가 부모 말을 잘 받아들이도록 교육 방법을 바꾸어야 한다. 굳이 매가 필요하다면 사랑의 매여야 한다. 어떤 것이 사랑의 매인지는 아이들이 더 잘 안다.

넘겨짚기를 잘하는 엄마

"사실대로 말해. 다 알고 있으니까."

학교에서 다른 날보다 늦게 돌아온 용수가 현관을 들어서며 슬쩍 엄마의 눈치를 살핀다. 엄마는 금방 이상한 낌새를 알아차린다. 그러고는 다 알고 있다는 표정을 지으며 말한다.

"엄마한테 사실대로 말해. 아까 전화 받았어."

"네?"

"사실대로 말하라고. 다 알고 있으니까."

"그건 내 잘못이 아니에요. 민수 그 자식이….'

용수는 포기한 듯이 실토를 했다.

"민수 그 자식이 같이 농구를 하자고 그래놓고 자기네 편이 지니까 시비를 걸잖아요. 내 약점을 건드리면서요."

"무슨 약점?"

"키도 작은 것이 어쩌고저쩌고 하면서요. 그래서 한 방 먹였어요. 코피 조금 난 걸 가지고 엄살을 부리더라고요. 그걸 일러바치다니, 비겁한 자식!"

엄마는 시험을 못 본 줄 알고 넘겨짚었는데 민수하고 조금 다퉜다는 말을 듣고 안심했다.

"난 또 뭐라고. 민수하고 싸운 걸로 그렇게 눈치를 본 거였어? 엄마는 네가 시험을 못 본 줄 알았잖아?"

"엄마, 그럼 전화 왔다는 말 거짓말이었어요? 에잇!"

엄마는 자주 그랬다. 용수는 이제 엄마의 말을 믿을 수가 없다.

'에잇, 시치미를 뚝 떼는 건데.'

용수는 앞으로 엄마가 진짜로 알고 말하는 것인지 확인해봐야겠다고 생각한다. 그런데 엄마의 추궁이 시작되었다.

"그럼 시험은 잘 봤나보네. 몇 개나 틀렸어?"

"몰라요! 시험, 시험! 엄마는 시험밖에 몰라요?"

용수는 화를 내며 자기 방으로 들어가 버렸다.

아이들은 생각보다 눈치가 무척 빠르다. 오죽하면 '아이들 눈치가 백단'이라는 말이 생겨났을까. 아이들은 대화를 시작한 지 몇 초도 지나지 않아 엄마가 아무것도 모르면서 넘겨짚었다는 걸 알아챈다. 이런 일이 두세 번만 반복되면 아이는 엄마의 말을 믿지 않는다. 넘겨짚는 엄마의 말은 엄마와 자녀 모두에게 불신을 심어줄 뿐이다.

이럴 땐 이렇게 솔직하게 감정을 표현하는 연습을 하세요

엄마의 넘겨짚는 행동이나 말은 '내 아이에 대해서는 내가 잘 안다'라는 편견에서 비롯된다. 즉 엄마는 아이와 같은 시기를 이미 겪어봐서 내 아이가 무슨 생각을 하는지도 다 안다고 믿는 것이다. 하지만 그 어릴 적 기억이란 엄마에게 유리하게 만들어진 것이어서 온전한 기억이라고 할 수는 없다.

엄마는 아이가 자신과 다른 성격, 다른 생각을 가지고 있다는 사실을 쉽게 받아들이지 못한다. 아직 어리기 때문에 의심하고 감시해야 제대로 키울 수 있다고 착각한다. 그러나 엄마가 계속 의심의 눈초리를 보내면 아이는 엄마 앞에서 정직해지려고 노력할 필요가 없다고 생각하게 된다. 대충 짐작하고 의심하는 버릇을 버리고, 항상 솔직하게 감정을 표현하는 연습이 필요하다.

사과할 줄 모르는 엄마

"어서 학교 가야지. 숙제는 다 챙겼니?"

초등학교 2학년 근호를 학교에 데려다주고 출근해야 하는 엄마의 아침은 무척 바쁘다.

"어? 어디 갔지?"

근호는 좀 덜렁거리는 편이다.

"너 또 잃어버렸어? 그렇게 미리 챙겨놓으라고 했건만. 내가 너 때문에 정말 못 살아."

"아, 맞다. 어제 엄마가 검사한다고 가져갔지. 내가 엄마 줬잖아요."

"무슨 소리야. 언제 나를 줬다고 그래? 꼭 너는 내 핑계를 대더라. 빨리 찾아보지 않고 뭘 하고 있어?"

아차! 생각이 난다. 어제 잘했나 살펴보려던 차에 옆집 엄마가 오는 바람에 어디다 두었는데. 어디었더라? 벌써 치맨가? 요즘 와서 깜박깜박할 때가 많다.

"미리 알아서 좀 챙겨놓으면 어디가 덧나니?"

"엄마가 어디다 놓고 왜 나보고 그래?"

투덜거리던 아이가 신발장 위에서 숙제를 찾아냈다.

“그래 맞다. 내가 깜빡 잊었네. 하지만 네가 숙제를 제대로 해봐라. 엄마가 검사할 필요가 있는지. 아랫집 애는 척척 알아서 잘도 한다더라. 반만 닮아봐라.”

“엄마는 괜히 난리야. 엄마가 잘못 두고서는.”

다음 날, 근호네 집에서는 또 한바탕 난리가 났다.

“근호, 너 이리 와. 네가 이 액자 깼지? 이게 얼마나 귀한 건지 알기나 해?”

“아니요. 난 안 깼어요.”

“지난번에도 그러더니 이 녀석이 또 시치미를 떼네.”

“이번에는 진짜 아니란 말이에요.”

“또 거짓말 해? 우리 집에 너 말고 누가 있니? 넌 좀 맞아야 돼.”

엄마는 근호를 억지로 붙잡아 몇 대 때렸다. 아니라며 악을 쓰던 근호는 화를 못 이겨 바닥에 누워버렸고 엄마는 때리기를 그만두었다.

“너, 이 녀석. 아빠 오면 보자.”

그러나 아침에 늦게 출근한 아빠가 깬 것임이 밝혀졌다. 엄마는 근호를 몰아붙인 것이 미안해 평소 근호가 그토록 갖고 싶어 하던 게임기를 사주었다.

“네가 거짓말을 한 적이 있으니까 엄마가 너를 의심한 거야. 그러니까 거짓말하면 안 돼. 알겠지?”

하지만 엄마는 끝내 미안하다는 말은 하지 않았다.

‘엄마는 잘못했으면서 한 번도 미안하다는 말을 안 하더라. 어른들은 안

해도 되는 건가?'

엄마가 잘못했을 때 솔직하게 "미안하다. 엄마도 조심할게"라며 진심으로 사과한다면 아이는 밖에서도 똑같이 행동할 것이다. 엄마가 아이에게 솔직하게 사과하는 것은 교육적 효과가 크다. 또한 엄마의 사과를 받은 아이는 엄마로부터 받은 마음의 상처를 씻고 자신이 존중받고 있다는 것을 알게 된다. 어른이라도 잘못을 했으면 사과해야 한다는 것을 경험하며 자란 아이는 자신이 잘못을 저질렀을 때 겸허하게 사과하고 잘못을 고치려 노력하게 된다. 백 번의 잔소리보다 한 번의 솔선수범이 아이를 올바르게 자라게 한다.

이럴 땐 이렇게

아이에게 권위 있는 엄마로 보이고 싶어 평소 잘못을 하고도 사과하지 않고 "하지만…", "그런데…"라며 변명부터 늘어놓는 엄마가 있다. 평소 이러한 부모의 태도는 '변명쟁이' '핑계쟁이' 아이를 만든다.

엄마도 실수할 수 있음을 인정하고 아이에게 사과할 수 있어야 한다. 사과는 잘못을 깨달은 즉시 바로 해야 한다. 사과하는 시간이 늦어질수록 아이의 상처는 덧나고 곪아 아물지 않는 흉터로 남는다.

"엄마가 알아보지도 않고 화를 내서 미안해, 고치도록 노력할게."

아이에게 진심이 담긴 사과의 말을 건네는 순간 엄마와 아이 사이에 있던 장애물은 사라지고 돈독한 관계가 형성된다.

대화가 풍부해지는
'아이와 함께 시간 보내기'

함께하기의 힘

부모도 아이도 바쁜 시대다. 바쁜 부모들은 항상 앞날에 대해서만 생각하느라 아이와 함께 현재를 즐기지 못한다. 바쁘게 살다보니 '짧은 시간에 아이를 위해 최대의 효과를 낼 수 있는 뭐 특별한 이벤트가 없을까?'만을 궁리하게된다.

아이들은 아이들대로 학원과 집을 오가는 현실 속에서 새로운 것을 아는 것이 귀찮고, 뭔가 해보려는 의지를 갖지 못한다. 아이들이란 무엇이든 신기하고 재미있어서 눈빛을 반짝이는 것이 정상인데, 요즘 아이들에게는 '갖고 싶다', '알고 싶다', '하고 싶다'는 간절한 욕구가 드물다. 부모가 알아서 척척해주기 때문에 아이 스스로 무엇인가를 적극적으로 해보겠다는 생각이 없고 갈수록 '의존형 인간'이 되어간다.

여성가족부는 매월 셋째 수요일을 '가족과 함께하는 날(Family Day)'로 지정하여 가족이 함께 즐기며 참여할 수 있는 프로그램을 가져볼 것을 권장하고 있다. '패밀리 데이'의 취지는 바쁜 직장 생활과 학업 등으로 함께하는 시간이 부족한 가족 간의 소통과 관계 회복을 위한 것이다. 한 달에 한 번, 셋째 수요일에 부모들에게는 정시 퇴근을, 학교와 학원은 야간 수업을 하지 않도록 장려하여 저녁 시간에 가족이 함께할 수 있는 다채로운 가족체험 활동을 하도록 권하고 있다.

평일보다 시간을 내기 편한 토요일이나 일요일 밤을 '패밀리 데이'로 정해 가족과 함께하는 경우도 늘고 있다. '패밀리 데이'는 서로 대화하고 지친 마음을 다독이며 가족간의 유대를 다지는 시간이 되고 있다.

사이좋은 부모와 아이는 동작 리듬이 같다고 한다. 마음을 터놓고 지내는 사람끼리는 왠지 모르게 움직임과 리듬이 같아진다. 서로 파장이 맞기 때문에 함께 있어도 위화감이 없고 마음 편하게 느껴지는 것이다.

아이와 소통을 잘하는 가장 기본적인 방법은 많은 시간을 함께 보내는 것이다. 함께하는 시간에 비례해 대화도 늘어난다. 이때 부모가 원하는 것보다는 아이가 즐거움을 느낄 수 있도록 다양한 기회를 제공해주어야 한다. 부모 입장에서 생각하기에 별일이 아니더라도 아이가 기뻐하고 즐거워하면 그것은 훌륭한 경험이된다.

즐거움이란 감정은 긴장을 풀어주어 우리의 생각을 자유롭게 만든다. 아이들은 즐거움 속에서 자유롭게 생각할 수 있을 때 창의적이고 기발한 아이디어들이 쏟아져 나온다. 신이 나서 마음껏 상상의 날개를 펼칠 수 있는 시간을 자주 경험하게 하자. 기회가 많을수록 아이는 스스로 탐구하는 힘을 갖게 된다. 또 창의적인 아이가 되길 원한다면 무언가 했을 때 발견했을 때 무시하지 말아야 한다. 어른에게는 대단치 않다고 생각되는 것도 아이에게는 세계관이 바뀔 정도의 대발견일 수도 있기 때문이다.

3부는 일상에서 부모와 아이가 함께 할 수 있는 활동들을 모아보았다. 즐거운 시간을 함께 보내며 재능도 발달시킬 수 있는 것들이다. 아이의 재능을 발달시키는 원리는 간단하다. 아이가 재미있어하고 흥미를 보이는 분야가 무엇인지 찾아서 그것을 자주 하도록 기회를 주면 된다. 어릴 때 오감으로 느끼고 체험한 것은 평생의 보물이 된다는 점을 가슴에 새기자.

자녀가 성장할수록 함께하는 시간은 점점 줄어든다. 자녀를 키워본 부모라면 초등학교 6년이라는 시간은 좀 길고 더디게 흘러가는 듯 느껴지지만 그 시간이 지나고 나면 눈 깜짝할 사이에 지나갔다는 말들을 한다. 아이들이 자란 뒤, 부모가 가장 후회하는 것이 바로 자녀와의 시간을 맘껏 가지지 못한 것이다. 《웃음소리가 떠나지 않는 교실》의 저자인 다이아나 루먼스는 '내가 다시 아이를 키운다면'이라는 시에서 때늦은 부모의 안타까운 마음을 이렇게 표현했다.

만일 내가 다시 아이를 키운다면

더 많이 아는 데 관심 갖지 않고

더 많이 관심 갖는 법을 배우리라.

자전거도 더 많이 타고 연도 더 많이 날리리라.

들판을 더 많이 뛰어다니고 별들을 더 오래 바라보리라.

더 많이 껴안고 더 적게 다투리라.

떡갈나무 속의 도토리를 더 자주 보리라.

이 글을 읽는 부모들은 자녀와 함께하는 시간을 원 없이 가져 이런 후회
를 남기지 않기를 기대한다.

01

아이의 꿈을 찾아주는
함께하기

꿈과 가까워지는 롤모델 찾기

'롤모델'이란 자신에게 본보기가 되거나 닮고 싶은 사람을 말한다. 롤모델이 설정되면 서서히 그 사람을 닮게 되고 생각이나 신념도 비슷해진다. 인생을 살아가는 데 지침이 되고 등대가 되는 것이다.

힐러리가 가장 존경하는 롤모델은 프랭클린 루스벨트 대통령의 부인인 엘리너 루스벨트였다. 그녀는 '인권의 대모'로 불린다. 엘리너는 겸손함과 활력을 두루 갖춘 여인으로 장애인인 남편을 대통령으로 만들었고, 네 번이나 연임하는 데 일조했다. 그녀는 정치적 동반자이자 파트너로서 루스벨트가 위기에 처할 때마다 남편의 부족한 부분을 완벽하게 보완해주었다. 남편이 죽은 뒤에는 여성 최초로 UN 인권위원장으로 활동했으며, 아프리카계 미국인들의 인종차별을 철폐하는 데도 앞장서는 등 불우한 사람들 편에서

활동했다. 힐러리는 대학 시절에 엘리너를 직접 만난 적이 있다. 그 짧은 만남 이후 엘리너는 힐러리의 인생에서 등대가 되었다.

힐러리는 퍼스트레이디 시절, 백악관 사무실 책상에 엘리너의 사진 액자를 놓아둘 정도로 엘리너의 열렬한 팬이었다. 남편 클린턴의 스캔들로 세상이 떠들썩할 때, 그녀는 엘리너의 방식을 본받아 지적이고 성숙한 파트너십으로 결혼생활과 남편의 대통령직을 모두 지켜냈다.

"여자는 티백 같아서, 뜨거운 물에 빠지기 전에는 얼마나 강한지 모른다."

힐러리는 엘리너의 이 말을 가슴속에 새기며 살았다. 그리고 중대한 문제가 생길 때마다 엘리너와 가상의 대화를 나누며 힘을 얻었다.

아이들은 자라서 뭔가 되고 싶어 한다. 과학자가 되어 세상 사람들이 깜짝 놀랄 만한 발명품도 만들고 싶고, 의사가 되어 병원을 찾지 못하는 사람들을 위해 봉사하고 싶고, 부자가 되어 기아에 허덕이는 사람들을 돕고 싶어 한다. 또 책 속의 위인처럼, 영화 속 주인공처럼, 실제로 만난 유명 연예인처럼 멋진 인생을 살고 싶어 한다.

롤모델은 대부분 자기가 일하고 싶은 분야, 혹은 닮고 싶은 가치관을 가진 사람 가운데 선택한다. 롤모델이 설정되었다는 것은 꿈을 이룰 최종 이미지를 만난 것이기 때문에 자신의 목표를 성취할 가능성을 커지게 한다. 주변을 둘러보면 아직 롤모델을 찾지 못한 아이들도 많다. 자신이 누구처럼 되고 싶은지, 무엇을 어떻게 해야 꿈을 이룰 수 있는지 아직 정하지 못한 것이다. 아이들 입장에서 누구를 존경하고 닮고 싶은지 선택하는 것은 쉽지 않다. 이때 엄마가 나서서 아이와 함께 닮고 싶고 되고 싶은 사람을 찾아보는 것은 어떨까?

아이의 꿈이 변호사라면 변호사가 어떤 일을 하는지, 변호사가 되기 위해서는 어떻게 공부해야 하는지 직접 변호사를 찾아가 생활하는 모습을 관찰해볼 수 있다. 특정 인물을 롤모델로 삼았다면 책이나 인터넷 등에서 그 사람에 대해 되도록 많은 자료를 수집해 어떤 점을 벤치마킹할 것인지 함께 토론해보자. 만날 수 있다면 꼭 만나서 이야기를 나누고, 편지나 메일을 보내 조언을 구할 수도 있다. 롤모델이 위인이라면 책을 읽고 메모하고 토론해보자.

롤모델이 꼭 한 사람일 필요는 없다. 또 사회적인 명성이 있어야만 하는 것도 아니다. 주위에 롤모델이 있다면 유심히 관찰하고 쉽게 따라 할 수 있어 좋다. 아무리 뛰어난 예술가, 문학가라 해도 처음에는 자신보다 앞서 간 선배들의 작품을 읽고 보고 자랐다. 그리고 그들의 작품을 베껴 쓰고, 흉내 내 따라 하면서 자기만의 영역을 구축해나갔다.

롤모델이 결정되면 사진을 구해 붙여놓고, 그 사람처럼 되기 위해 지금 내가 해야 할 일이 무엇인지 기록해보는 것도 좋다.

아이들이 성장할 수록 롤모델도 계속 성장한다. 따라서 엄마는 역사를 빛낸 위인뿐만 아니라 과학, 스포츠, 예술, 산업, 국제기구 등 다양한 분야의

정보를 자녀에게 제공할 수 있어야 한다. 자녀들이 적합한 역할 모델을 찾아내고 또 그 꿈을 성실하게 가꾸어갈 수 있도록 아이들을 격려하고 지원해주는 엄마가 되어야 한다.

상상력의 원천, 함께 별 보기

항상 단정하게 단추를 채우고 깃이 달린 셔츠를 입는 소년이 있었다. 누가 보더라도 '모범생'인 그를 아이들은 수줍음을 타는 안경잡이로 얕잡아 보았다. 심지어 그를 '이상한 아이', '공부벌레', '겁쟁이', '멍청이'로 보는 아이도 있었다. 담임 선생님은 조용하고, 몸집이 작고, 친구가 없는 소년을 몹시 안타까워했다. 엄마는 엄마대로 집에서는 똑똑한 아이가 학교에서는 4년 동안 C만 받아오자 실망하는 눈치였다. 아무튼 그 누구도 이 소년이 나중에 위대한 영화감독으로 자라리라고는 생각지 못했다.

수많은 히트작을 내면서 세계 최고의 영화감독으로 인정받고 있는 스티븐 스필버그의 어린 시절 이야기다. 그가 꿈을 이룰 수 있었던 것은 무엇 때문이었을까?

스티븐이 열 살이던 어느 날 밤, 아버지는 자고 있던 아들을 잠옷 차림으로 황급히 차에 태우고 한마디도 하지 않은 채 사막 한가운데로 차를 몰았다. 어린 스티븐은 아버지가 무얼 하려는지 몰라 무서웠다. 어느 지점에 가자 아버지는 차를 세웠다. 넓은 벌판에서 사람들이 온몸에 담요를 둘둘 감은 채로 누워 밤하늘을 바라보고 있었다. 밤하늘에서 별이 비처럼 쏟아지는 유성우를 보러 나온 사람들이었다. 아버지와 스티븐도 나란히 담요 위에 누워 밤하늘에서 쏟아지는 유성우를 보았다. 그야말로 장관이었다. 어린 스티븐에게는 놀라움을 넘어 일종의 충격이었다. 동시에 이런 현상이 나타나는 이유가 무척 궁금했다.

가히 우주적인 경험이었다. 이때 하늘을 수놓은 별은 스필버그에게 상상력의 원천이 되었고 영화감독으로 성공하는 계기가 되었다. 스티븐은 16세에 〈불꽃(Firelight)〉을 만들면서 영화감독 인생의 서막을 열었다. 이 작품은 다시 〈미지와의 조우(Close Encounters of the Third Kind)〉라는 영화 제작에 영향을 미쳤다. 이 영화의 줄거리는 주인공이 그의 가족을 트럭에 태우고 야외로 나가 밤하늘의 수많은 별을 관찰하는 내용을 담고 있다. 바로 스티븐이 어린 시절 아버지와 함께 경험한 일을 시나리오로 옮긴 것이다.

어린 시절 단 하룻밤의 값진 경험, 아버지와 사막에서 바라본 별잔치가 스티븐 스필버그를 영화의 세계로 인도한 것이다. 이것이 체험의 힘이다.

아이들은 하늘의 아름다운 별이나 별자리 등을 관찰하면서 상상의 나래를 펼친다. 그러나 대도시 아이들은 밤하늘의 별을 잃은 지 오래다. 아이들은 호기심과 멋진 꿈의 대상으로 반짝거리는 별을 보지 못하고 종이 위에 점점이 박힌 지식으로만 차가운 별을 만나고 있다. 책으로만 배운 별이 얼마나 효과가 있을까? 우리 아이들에게 맘껏 별을 감상하고 그 이상의 상상을 할 수 있도록 기회를 마련해주자.

천문기상과학관에 가면 낮에는 태양의 활동 모습인 흑점 등을 볼 수 있고 밤에는 계절에 따라 별자리를 관측할 수 있다. 찾아보면 이런 체험을 할 수 있는 교육 프로그램이 얼마든지 있다.

주변을 보면 아이에게 어떤 재능이 있는지 몰라 이 학원 저 학원으로 보내는 엄마들이 많다. 음악, 미술에서만 재능을 찾으려 하지 말고 아이가 다양한 활동을 경험해볼 수 있도록 하자. 누가 알겠는가. 우리 아이가 한국의 스티븐 스필버그가 될지.

아이와 친밀감이 높아지는 취미활동하기

자녀가 성인이 된 또래 엄마들을 만나 애기를 나누다보면 공통적으로 하는 말이 있다.

"아이들과 좀 더 많은 시간을 보내지 못한 것이 후회스러워."

"아이가 이렇게 빨리 자랄 줄 몰랐어. 좀 더 많은 이야기를 나누지 못한 것이 아쉬워."

아이들이 다 커버린 지금에야 남아도는 게 시간이지만, 초등학교 무렵엔 온 가족이 정신없이 바쁘다. 아빠는 회사일로 바쁘고, 엄마는 아이들 챙기느라 바쁘고, 아이들은 공부하느라 바빠 함께 무언가를 한다고 해봐야 연중행사다.

'시간과 경제적인 여유가 생기면 그때 생각해 봐야지'라는 마음으로 미루다가는 영영 그때가 오지 않는다. 모든 일에는 가장 알맞은 때가 있다.

바쁘더라도 자녀와 시간을 자주 가져야 한다. 서로 바쁜 와중에서 같이 시간을 보낼 수 있는 가장 좋은 방법은 자녀와 함께할 수 있는 취미를 갖는 것이다. 엄마들 중에는 공부만 잘하면 된다며 자녀의 취미 생활을 반대하는 사람들이 있다. 이런 엄마들은 한 자라도 더 공부를 해야지 취미 생활할 시간이 어디 있냐고 한다. 부모가 돈만 잘 대주면 무럭무럭 잘 커서, 좋은 대학 가고, 훌륭한 사람이 된다고 착각한다.

그러나 자녀와 취미 생활을 함께 하는 부모의 자녀들이 그렇지 않은 부모의 아이들보다 학업 성적이 높다는 조사 결과도 있다.

한 피트니스 센터가 자녀의 학업성취도를 조사한 결과, 골프 등 취미 생활을 자녀와 함께하는 부모 중 68%가 '자녀의 성적이 상위권'이라고 응답한 것으로 나타났다. 자녀와 취미 생활을 함께 하지 않는 부모들의 같은 질문에 대한 응답률은 55%였다.

부모와 자녀가 같은 취미를 갖게 되면 대화할 시간이 많아지기 때문에 학교 공부나 진학 문제, 친구 관계, 일상생활 등 자녀에 대해 정보를 많이 알게 된다. 아이가 좋아하고 싫어하는 것이 무엇이며 어떤 생각을 하고 있는지 자연스럽게 알게 되어 자녀를 이해하는 데 큰 도움이 된다.

"천재는 노력하는 자를 이길 수 없고 노력하는 자는 즐기는 사람을 이길 수 없다"라는 말이 있다. 아이와 즐겁게 놀다보면 아이가 평생 즐기면서 할 수 있는 일을 찾게 될 것이다.

취미 생활은 자녀에게 무언가에 심취하게 해 집중력을 높이고, 스스로 문제를 해결하는 능력과 시간을 조절하는 시간 관리의 개념도 명확히 해준다. 아이와 함께할 수 있는 공동의 취미는 엄마가 골라주는 것보다 자녀가 좋아하는 것으로 정하는 것이 좋다. 그렇다고 의무적으로 상대해주는 시간이 되어서는 안 되고, 서로가 즐거움을 공유할 수 있는 것이어야 한다. 자녀와 공유할 수 있는 취미로는 스포츠나 레저, 악기, 여행 등 다양하지만 뭔가를 수집하는 취미도 빼놓을 수 없다.

한솔이네 가족은 우표수집을 함께하고 있다. 우체국을 통해 새로 나오는 우표를 모으고, 외국 우표는 우표상을 통해 구입하기도 하고, 동호회 사람들과 교환하기도 한다. 가족 전원이 같은 우표를 수집하는 것은 아니다. 한솔이는 인물, 아빠는 기념일·행사 위주로, 엄마는 식물·자연·문학을 위주로 각자 수집하는 주제가 다르다.

테니스의 요정 마리아 샤라포바의 취미도 우표수집이다. 또 미국의 32대

대통령 프랭클린 루스벨트는 회고록에서 이렇게 말했다.

"우표에서 얻는 지식이 학교에서 배운 것보다 더 많다."

우표는 그 나라의 자연과 역사 · 사회 · 문화 등을 표현하는 축소 예술의 꽃이다. 우표수집을 취미로 하면 역사적 안목과 문화적 지성, 예술적 감각을 모두 높일 수 있다. 동서고금의 인물과 역사가 우표에 고스란히 담겨 있기 때문이다. 우표는 인간 문명의 모든 산물이 담겨 있어 우표를 수집하다 보면 자연스레 여러 가지 지식을 습득하게 된다. 그래서 잘 정리된 우표수집 앨범을 가리켜 '지식과 상식의 보석함'이라고 일컫는다. 동 · 서양을 막론하고 우표수집이 최고의 취미로 꼽히는 것도 그런 이유에서다.

소영이는 클래식 음반을 수집하는 엄마를 보고 자랐다. 엄마의 그런 모습을 지켜보면서 음반을 다루는 법과 음악에 대한 사랑을 배웠다. 엄마는 새 음반이 생기면 소영이와 함께 감상을 해왔기 때문에 늘 좋은 음악을 들으며 지냈다. 소영이는 특히 바이올린 연주곡을 좋아해 수집한 CD만도 120장이 넘는다.

자동차를 좋아하는 윤석이는 자동차 카탈로그 수집이 취미다. 자동차 세일즈를 하는 아빠와 공동의 관심사가 있어 사이가 더욱 좋다. 자동차 디자이너가 되는 것이 꿈인 윤석이를 위해 엄마는 자동차 잡지 정기 구독권을 생일 선물로 주었다.

수집 취미는 다양하다. 라면 봉지, 악보, 입장권, 만화책, 각종 캐릭터,

머리핀, 로봇, 희귀한 모양의 돌, 미니어처 등 자신이 관심 있는 것은 모두 수집 취미가 될 수 있다.

함께할 수 있는 취미가 있는 가족의 경우, 그렇지 않은 가족에 비해 친밀도가 3배 이상 높다는 연구 결과가 있다. 사람은 마주 보고 서 있을 때보다 한 곳을 함께 바라볼 때 유대관계가 더 좋아진다. 당장 오늘부터 아이의 꿈도 찾고, 유대관계도 끈끈하게 할 수 있는 취미를 만들어보자.

목적 있는 삶을 찾는 봉사활동하기

아이들은 학교와 가정 그리고 책에서 불쌍한 사람이 있으면 그냥 지나치지 말고 도와주라고 배운다. 혼자만 잘살려고 할 것이 아니라 서로 도와 모두 함께 살아가야 한다고 배운다. 초등학생들에게 위인전을 읽게 하는 이유도 여기에 있다.

위인들의 삶을 통해 나보다는 사회, 국가, 세계를 위해 봉사하고 헌신하는 것을 배운 아이들은 자기도 위인들처럼 살아야겠다고 생각한다. 하지만 그 바람을 말할 때면 늘 지금이 아니라 "나도 커서 어른이 되면~"으로 시작한다. 위인처럼 사는 것은 어른이 되어서나 할 일이라고 생각하는 것이 다. 그래서 다른 사람의 고통이나 어려움은 어린이인 지금의 나와는 상관없는 일이라고 치부해버린다. 그렇게 자란 아이가 어느 순간 마법처럼 달라지는 일이 가능할까? 아니다. 어려서부터 남을 돕고 배려하는 것을 배우지 못하면 성인이 되어서도 남이야 어찌 되든 나만 잘되면 그만이라는 식의 삶을 벗어나기 어렵다. 자녀가 그런 사람으로 성장하는 것을 원하는 부모는 없다. 그러나 우리는 알게 모르게 우리의 아이들을 나밖에 모르는 사람으로 키워가고 있다.

부모가 아이에게 심어줘야 하는 것은 많은 지식만이 아니라 인생을 살아가는 자세까지 포함된다. 생활 속의 소소한 즐거움을 찾아낼 줄 아는 아이는 공부 역시 알아서 잘 해나간다.

초등학교 5학년인 도영이는 한 달에 두 번, 엄마와 자원봉사를 한다. 처음에는 엄마가 권해서 따라나섰지만 이젠 도영이가 더 그날을 기다린다. 지난주에는 아빠까지 합세해 노인요양병원에서 보람된 하루를 보냈다. 엄마는 덥수룩하게 자란 어르신들의 머리카락을 잘라주고 머리를 감겨주었다. 아빠는 이불들을 끄집어내 발로 밟아 세탁해 줄에 널기도 하고 창문틀을 수리하기도 했다. 도영이가 하는 일은 늘 정해져 있다. 할머니, 할아버지의 손톱을 깎아드리는 일이다. 그 일이 다 끝나면 마지막으로 도영이의 바이올린 연주가 시작된다. 어르신들은 연주를 들으며 웃기도 하고, 눈물을 글썽이기도 한다. 그리고 주름진 두 손을 모아 박수를 쳐준다. 어디를 가든 도영이의 바이올린 연주는 인기 짱이다. 봉사활동을 하고 온 날이면 마음이 뿌듯해져 도영이의 일기는 다음 장까지 길게 이어진다.

어느 대학의 사회복지학과 교수팀이 청소년 1,590명을 대상으로 설문조사를 한 결과, 장기적으로 자원봉사에 참여한 학생들이 자아존중감과 진로에 대한 성숙한 생각 등 여러 측면에서 월등했다고 한다.

장기적으로 봉사를 하다보면 어렵지만 밝게 사는 사람들을 보며 자신의 인생을 긍정적으로 보게 되고, 또 현장에서 여러 직업을 가진 전문가들과 접촉하며 진로에 대한 생각도 깊어지게 된다고 한다.

어린 학생들이 봉사활동에 참여하게 되는 데는 부모의 영향이 크다. 처음에는 도영이처럼 부모의 권유로 참여했다가 스스로 의미를 발견하고 계속하는 경우가 많기 때문이다. 그런데 학교에서 봉사활동 숙제를 내주면 어떤 엄마는 자녀의 봉사 시간이 아까워 대신 해주기도 한다. 당장 눈앞의 일만 생각하고 아이에게 결코 도움이 되지 않는 일을 하는 것이다.

중·고등학생이 되면 봉사활동 시간이 정해져 있어 학교에서 실시하는 봉사활동 이외에도 개별 봉사활동을 해야 한다. 그런데 봉사활동 점수가 내신에 반영되고 입학사정관 전형 등 대학입시에 영향을 미치기 때문에 일부 학생들이 필요에 따라 사회복지기관을 방문해 진정성 없는 봉사활동을 벌이기도 한다.

또 어떤 엄마들은 봉사활동이 학생들의 학업에 지장을 준다는 이유로 자녀 대신 봉사활동을 한 뒤 자녀 이름으로 봉사활동 확인서를 요구하기도 하고, 활동 내용의 언론보도를 주문하는 학부모까지 있다고 한다.

어려서부터 봉사활동이 몸에 밴 아이들은 결코 제도적으로 우대받는 경력을 위해서가 아니라 개인적인 기쁨을 위해 소중한 시간을 할애한다. 다른 사람을 위할 줄 아는 삶을 사는 법을 스스로 깨닫는 것이다. 엄마와 함께하는 봉사활동은 자녀의 인성과 자아를 형성하는 데 도움을 주고 더 넓은 세상을 직접 경험하게 한다는 점에서 매우 바람직하다. '이렇게 살아야 한다, 저렇게 살아야 한다'라는 백 마디의 훈계보다 엄마와 함께하는 봉사 활동이 진정 아이를 바로 세울 수 있다.

02

아이의 재능을 키워주는
함께하기

창의력과 올바른 식습관을 길러주는 요리하기

열 살 시연이는 움직이기 싫어하는 아이였다. 손이 빠르기로 유명한 엄마의 눈에는 그런 시연이가 답답하게만 보였다.

"우리 애는 어찌나 게으른지 도무지 꼼짝을 안 해요. 이다음에 커서 직장이나 제대로 다닐 수 있을지 걱정이에요."

뭘 시켜도, 밥을 먹으라고 불러도 재까닥 움직이는 법이 없어 엄마는 늘 불평을 입에 달고 살았다.

"아이고, 답답해! 어찌 저리 둔한지 모르겠어. 그러니 살만 뒤룩뒤룩 찌지. 빨리 나오지 못해!"

엄마의 끊임없는 잔소리에도 불구하고 시연이의 느릿느릿한 행동은 조금도 나아지지 않았다.

하루는 이웃집 소리 엄마의 소개로 시연이 모녀가 구청에서 주최하는 토요 요리교실을 찾았다. 그날 만들 요리는 '날치알 계란주먹밥'이었다. 그런데 그날은 평소의 시연이가 아니었다. 삶은 달걀의 노른자를 체에 내리는 일도 제법 잘 따라 하고, 완성된 재료를 버무려 모양틀 안에 넣어 꾹꾹 눌러 별, 곰돌이, 하트 주먹밥도 곧잘 만들었다. 마지막으로 접시에 담은 뒤 달걀 노른자 가루를 뿌려 장식해 제법 그럴싸한 요리가 완성이 되었다. 흐뭇해하는 시연이의 얼굴은 발갛게 물들어 있었다.

다음 주가 되자 시연이는 엄마보다 먼저 준비를 하고 기다리고 있었다.

"그렇게 빨리 가고 싶어? 노트와 카메라까지 챙긴 거야?"

"응, 요리하는 순서를 더 자세히 적으려고. 사진도 찍어서 아빠한테 보여드려야지!"

날이 갈수록 요리에 대한 시연이의 관심은 깊어졌다. 어느새 시연이의 레시피 메모는 한 권을 넘어섰고 요리 사진이 보관된 앨범도 두꺼워졌다. 어떻게 촬영하면 접시에 담긴 요리를 생생하게 찍을 수 있을까 연구하느라 카메라 촬영법과 요리 사진들을 두루 검색하며 바쁘게 지냈다.

없던 꿈도 생겨났다. 시연이는 이제 푸드 코디네이터가 되는 것이 꿈이라고 했다. 프랑스에서 살고 있는 이모에게 연락해 어느 학교로 유학을 가면 좋은지 상의하기도 했다. 이제 시연이는 밥상을 차려놓고 한참이 지나야 모습을 드러내던 아이가 아니다. 엄마가 만든 음식을 함께 담으며 식사 준비를 한다.

시연이처럼 꼭 요리를 통해 행동이 바뀌고 꿈을 갖게 되는 경우가 아니더라도, 요리는 아이들에게 여러 가지 좋은 점이 있다.

첫째, 아이의 상상력을 키워준다.

밀가루 반죽이나 야채를 준비하면서 현재 모습과 요리 후 변화될 모습에 대해서 함께 이야기를 나누며 아이는 마음껏 상상할 수 있다.

둘째, 사회성이 발달된다.

요리를 하면서 역할을 나누어보자. 엄마는 야채를 썰고 아이는 재료를 씻는 등 역할을 나누어 활동해본다. 이때 자연스럽게 다른 사람과의 관계, 그리고 역할 분담의 필요성 등을 경험하며 사회성을 익히게 된다. 아빠도 같이 참여한다면 효과는 더욱 커질 것이다.

셋째, 올바른 식습관을 배운다.

평소 잘 먹지 않았던 채소 등을 접하며 자연스레 호기심을 느껴 먹어보게 되고, 음식의 소중함을 깨닫게 된다.

넷째, 미적 감각이 발달한다.

다양한 색깔의 음식 재료를 사용하여 보기 좋은 음식을 만들고, 그릇에 예쁘게 담고, 색상에 따라 배치하며 미적 감각을 익힌다.

물론 아이와 함께 요리를 한다는 것이 쉽지는 않다. 아주 어린 아이들이라면 부엌에 같이 있는 것 자체로도 불안하고 그릇을 깨트리거나 음식물을 엎지를까 걱정스럽다. 하지만 아이들과 쉽게 만들 수 있는 메뉴를 선택하고 조금만 안전에 신경을 쓴다면 아이와 더불어 즐거운 시간을 만끽할 수 있다. 엄마와 함께했던 요리 시간은 두고두고 행복한 기억으로 아이에게 남을 것이다.

살아 있는 경제 교육, 장보기

초등학교 2학년인 민정이가 엄마를 조른다.

"엄마, 나도 안드로이드 로봇 사줘."

"로봇 산 지 얼마 안됐잖아."

"새로 나온 거 갖고 싶어. 성찬이도 샀단 말야."

"어떻게 나오는 족족 전부 다 사?"

"그래도 나 꼭 갖고 싶단 말이야."

"그럼, 운동화 사는 건 어떡하고?"

"운동화도 사고 로봇도 사면 되잖아."

"안 돼. 엄마 돈 없어."

"카드로 사면 되잖아."

"헐!"

그야말로 "헐!" 소리가 나오는 이야기다.

요즘의 아이들은 원하는 것은 무엇이든 쉽게 가질 수 있는 환경에서 자라고 있다. 어린 시절 가지고 싶은 것, 하고 싶은 것을 마음대로 해보고 자라지 못한 엄마들은 자녀에게 그와 같은 상실감을 겪지 않게 하고 싶다. 그래서 원하는 것이 있으면 생활비를 쪼개서라도 아이의 욕구를 충족시켜주려 애쓴다.

그러나 이런 태도가 반드시 좋은 것은 아니다. 원한다고 해서 모두 다 가질 수는 없다는 사실도 가르쳐주어야 한다. 절제와 자기통제의 필요성뿐 아니라 하나를 선택하게 되면 다른 것을 포기할 수밖에 없다는 것도 알려주어야 한다. 합리적인 선택을 위해 사려깊게 생각하고 노력해야 한다는 것을 아이 스스로 깨닫게 해주는 것이다.

'자녀의 미래를 위해 꼭 알려주고 싶은 게 무엇이냐'는 질문에 30.4%의 부모가 '돈을 관리하는 능력'이라고 답해 '영어 등 외국어 능력'(29%)보다 더 중요하게 생각한다는 기사가 발표된 적이 있다. 또한 독일에서 조사한 어느 자료에 따르면 부모로부터 돈을 관리하는 법을 배운 아이가 그렇지 못한 아이보다 부자가 될 가능성이 500배나 높은 것으로 나타났다.

사실 많은 부모들이 돈을 관리하는 능력의 중요성은 인정하고 있다. 그러나 그에 대한 부모들의 노력은 부진해 보인다. 그저 하고 싶은 것 다 하고, 갖고 싶은 것 다 갖게 하는 것이 아이를 위한 것이 아니다. 미리 계획과 목표를 세우고 돈을 관리할 줄 아는 능력을 길러주어야 한다.

그런 면에서 '함께 장보기'는 생생한 경제 교육을 할 수 있는 좋은 체험이다. 단돈 몇 백 원이라도 아끼는 습관과 선택의 경험, 안목을 길러줄 수 있기 때문이다. 시장에서 여러 사람들을 만나는 과정에서 사람들은 서로 관계를 맺고 있으며 서로에게 영향을 미치고 살아간다는 것을 어렴풋하게나마 깨닫게 될 것이다.

먼저, 아이와 함께 주간 식단을 짜보자. 초등학교 고학년이라면 혼자서 식단을 짜게 하고, 일주일분의 식비를 아이에게 주고 스스로 시장을 보게 할 수도 있다. 그러나 저학년이라면 엄마와 같이 식단을 짜는 것만으로도 효과가 있다. 식단에 맞춰 쇼핑 목록을 정해 함께 장을 본다. 아이 스스로 쇼핑 목록을 체크하고, 재료를 선택하도록 하면 필요에 따라 돈을 쓰는 것이 얼마나 중요하고 힘든 일인지 알게 된다.

또 경제 교육과 관련된 여러 가지 체험을 할 수 있도록 부모가 도와주어야 한다. 우리나라 부모들은 아이가 부자가 되겠다고 말하면 그다지 좋아하지 않는다. 부자보다는 공부 잘하는 자녀를 더 원한다. 돌상에서 돈을 집는 것보다 연필을 집는 것을 원하는 것만 봐도 그렇다. 흔히들 부자를 부정적으로 보는 경향이 있는데, 아마도 그것은 떳떳치 못하게 부를 쌓은 부자들, 사치스런 부자들을 생각하기 때문일 것이다. 정당한 방법으로 돈을 모아 부자가 된 사람은 사치스럽지 않다.

돈을 버는 것만큼 관리하는 방법도 중요하다는 것을 자녀에게 가르쳐야
한다. 부모가 직접 가르치는 방법도 있겠지만 전문적인 경제 교육을 받아보
게 하는 것도 좋다. 요즘 인기를 끌고 있는 어린이 경제 캠프는 기업의 지원
을 받아 저렴하게 운영되고 있으므로 방학을 이용해 활용해볼 만하다.

의사 표현 능력을 기르는 함께 선물 고르기

'아이와 함께 선물 고르기'는 두 가지 입장에서 생각해볼 수 있다. 하나는
아이 자신이 받게 될 선물을 함께 고르는 것이고, 또 하나는 다른 사람을 위
한 선물을 함께 고르는 것이다.

아이들은 생일이나 크리스마스 때 선물 받는 것을 고대한다. 평소 갖고
싶었던 것을 그날로 미루어놓는 일이 많아 대부분 목록이 정해져 있기도 하
다. 그러나 엄마들은 선물을 할 때조차도 자신의 입장에서 무슨 선물을 해
야 좋을까를 생각한다.

우리 집에 방문하는 엄마들이 종종 묻는다.

"며칠 있으면 우리 아이 생일인데 책을 사주고 싶어요. 어떤 책을 사주면
좋을까요? 전 과학 전집을 생각하고 있는데…."

아이가 과학을 좋아하냐고 물었더니 "좋아해서가 아니라 과학 상식이 부

족해서"라고 대답한다. 또 왜 굳이 수십만 원을 들여 전집을 사려하는지 물었더니 "빠듯하긴 하지만 어쩌겠어요? 전집이 좋다고들 하는데"라며 절대적인 효과가 있다는 광고와 판매원의 설명을 곁들인다. 아이의 의견은 뒷전이다. 그렇게 선물한 책이 도움이 될 리 만무하다.

전집은 만만치 않은 가격에도 불구하고 책장을 장식하는 소품이 되고 마는 경우가 많다. 처음에는 '와!'하며 달려들었던 아이도 일단 양에 질려 부담스러워한다.

처음 한두 권은 어떨지 몰라도 "이걸 언제 다 읽지?" 하며 금세 지루해 한다. 그도 그럴 것이 수십 권의 책 가운데 몇 권만 좋은 것일 때가 많고 대부분 비슷한 판형에 같은 삽화 형식으로 되어 있어 아이가 쉽게 흥미를 잃어버린다.

전집을 구입할 때는 수십 권 전체의 내용과 형식을 잘 판단해서 구입해야 한다. 단지 아이의 학습을 돕는다는 판매원의 말에만 귀가 솔깃해 전집을 구입했다면 큰맘 먹고 지출한 돈이 허사가 되기 쉽다.

유난히 책을 좋아하는 아이라면 상관없지만, 그렇지 않은 경우 꼭 필요한 전집이라고 판단해 구입했다면 보이지 않는 곳에 보관하면서 일주일에 한 권, 한 달에 한두 권씩 선물 한다면 시리즈로 모아가는 재미를 느낄 것이다. 이때 전집의 번호 순서대로 선물하지 말고 그때그때 어떤 분야를 읽고 싶은지 아이에게 물어본다.

아이가 정말 책을 좋아하게 하고 싶다면, 엄마가 일방적으로 구입하는 것보다는 아이와 함께 골라보는 것도 좋다. 신뢰할 만한 기관이나 단체에서 선정한 책을 고르거나 인터넷에서 정보를 같이 찾아 선택하는 것이 좋다. 가장 좋은 방법은 직접 서점에 나가서 사는 것이다. 실제로 책을 직접 만져 보고 느끼면서 마음이 가는 책을 고를 수 있기 때문이다. 그렇게 선택한 책은 절대 장식품이 되지 않는다. 이때도 한꺼번에 여러 권을 사기보다는 한두 권씩 자주 사주는 게 좋다. 그렇게 받은 책이 아이에게 더 값지고 소중하게 여겨질 것이다. 비단 책뿐만이 아니다. 아이에게 다른 선물을 할 때도 이런 요령이 필요하다. 아이가 선물의 가치를 알고 애착을 가질 수 있도록 직접 골라보게 하자.

또 하나, 다른 사람에게 줄 선물을 아이와 함께 골라보면서 의사표현 능력을 길러줄 수 있다.

"아빠(엄마) 생일 선물을 사려는데 같이 골라볼까?"

"아빠 넥타이 고르는 것 좀 도와줄래?"

물론 아이의 눈썰미로는 엉뚱한 것을 고를 수도 있다. 그러나 이 과정도 하나의 교육이다. 아이에게 직접 물건을 고르게 해서 안목을 넓혀줄 수 있기 때문이다. 또 설령 아빠 마음에 들지 않는 것을 골랐다고 하더라도 아빠에게는 더없이 소중한 선물이 될 것이다. 기뻐하는 아빠의 얼굴을 보면서 아이는 선물의 의미와 가치를 자연스럽게 체득하게 될 것이다.

또 아이에게 선물을 고를 수 있는 선택권을 주면 자신감 향상에도 도움이 된다. 자신의 의견을 존중받은 아이는 언제 어디서나 자신의 의견을 말할 줄 알고 남의 의견에도 귀를 기울일 줄 아는 아이로 자란다. "어린애가 뭘 알아?"라며 무시한다면 아이는 금세 마음의 상처를 입는다. 아이들에게도 자존심이 있다. 자존심에 상처를 받으면 아이들은 공격적인 성격이나 내성적인 성격으로 변하기 쉽다. 아이의 자존심을 지켜주자. 그러려면 아이가 스스로 자신의 의견을 당당히 표현할 수 있게 해주는 것이 중요하다. 간단한 선물 고르기부터 실천해보자.

창의력을 기르는 체험하기

어린 시절을 돌이켜보면 부모님이 내게 사주셨던 물건보다는 부모님과 함께했던 기억들이 더 생생하게 떠오른다. 넓은 공터에서 아버지가 가르쳐주셨던 자전거 타기, 같이 놀러 가서 먹었던 자장면의 맛, 온 가족이 모여 만두를 만들던 기억, 어머니로부터 대바늘 뜨개질을 배웠던 기억 등 부모님과 함께했던 추억은 아직도 생생하게 남아 있다. 물건은 시간이 지나면 싫증나고 잊히지만 함께했던 시간은 더욱더 그립고 정겹기만 하다.

요즘은 아이와 함께 볼 수 있는 영화나 연극, 뮤지컬 등이 풍부하다. 여행지에서는 갯벌 체험, 한옥 체험, 한지 만들기, 템플 스테이, 제주도 올레 길 걷기 등 다양한 체험 행사들이 마련되어 있다. 또한, 생활사박물관, 역사박물관, 과학박물관 등 체험학습을 하러 온 가족을 쉽사리 만날 수 있다. 각종 축제에 가보면 어김없이 어린이 체험관이 열려있다.

아이들은 보고 만지며 창의적인 사고를 한다. 피겨 요정 김연아는 초등학교 1학년 때 〈알라딘〉이란 아이스 쇼를 관람했다. 이 쇼를 관람하고 감동한 김연아는 자신도 열심히 스케이트를 타서 국가대표 선수가 되겠다고 선생님께 편지를 썼다. 편지를 받은 선생님은 김연아의 다짐이 대견해서, 목표대로 열심히 노력하면 반드시 성공할 수 있다는 격려의 말을 적어 가정통신문을 보냈다.

필자의 아들이 초등학교 때 학교에서 도자기 만들기 체험학습을 다녀온 적이 있다. 그때 만들어 온 조그맣고 앙증맞은 그릇을 나는 애지중지하면서 소중한 것들을 담아 보관하고 있다. 고사리 같은 손으로 서툴게 만든, 그래서 더욱 정이 가는 그릇이다. 그런데 언젠가 아들이 물었다.

"이건 뭔데 울퉁불퉁 이렇게 못났어요?"

아들은 자신이 그 도자기를 만든 것을 기억하지 못하고 있었다. 애써 기억을 환기시키자 도자기 만드는 공장에 갔던 것만 기억하고 있었다. 이미 준비된 흙을 대충 주물러 진행 도우미 누나들이 다시 만져주고 유약 발라서 구워준다면 체험이랄 것도 없다. 다 만들어진 그릇에 선 몇 개 찍찍 그려 넣은 게 전부인 경우도 있으니, 아이들에게 재대로 된 체험이 될 리 만무하다.

언제부턴가 아이들이 현장체험이란 말조차 싫어하게 되었다고 한다. 그 까닭은 기록문, 보고서 때문이다. 체험학습 보고서, 탐구 보고서, 관찰기록문 등 어디만 갔다 오면 제출해야 하는 것들 때문에 차라리 집에서 노는 것이 편하단다. 체험학습 자체보다는 기록문이나 보고서를 쓰기 위한 일이 되어버린 것이다.

인위적으로 꾸며진 체험보다는 삶과 어우러진 그런 체험이 진짜 체험이다. 따로 시간을 내어 하기보다는 일상 속 체험학습이 더 중요하다. 체험학습으로 꼭 거창한 것을 해야 한다는 고정관념을 버려야 한다. 가족과 함께하는 여행길에서 체험하는 것들, 별것 아니어도 서로의 느낌이나 생각을 함께 나눌 수 있다면 그것이 생생한 체험이 된다. 그리고 가족과 함께 생각하고 느끼며 쓰는 체험학습 보고서라면 아이들이 그다지 어려워하지 않을 것이다.

엄마들 역시 체험학습 보고서라면 머리가 아프다고 한다. 엄마가 어려워하면 아이도 똑같이 느끼게 된다. 체험학습 보고서를 딱딱한 보고서로 생각하지 말고 생각을 달리해보자. 체험의 주제가 정해졌으면 가족 모두가 모여 왜 그 체험을 하는지를 생각하고, 간단히 사전학습을 한 다음, 당일의 체험 내용과 느낀 점, 그날의 에피소드들을 기록해보자. 사진이나 그림을 곁들인다면 재미있는 가족여행 신문이 될 수도 있다.

혼자서는 의무적이고 따분한 일도 여럿이 같이 하면 흥미롭고 호기심 가득한 일이 될 수 있다. 부모가 적극적으로 함께하는 체험이라면 일회적이고 소모적인 체험으로 끝나지 않고 스스로 탐구하며 학습할 수 있는 기회를 만들어줄 수 있다. 아이가 어떤 문제에 부딪혔을 때 정해진 답이 아니라 독창적이고 다양한 해결책을 찾는 능력을 길러주는 데 체험만큼 좋은 것은 없다.

승부 근성을 발휘할 수 있는 놀이 찾기

엄마들의 모임에서 '공부 잘하는 방법'에 대한 주제가 나오면 흔히 거론되는 단어가 있다. 바로 집중력이다.

"우리 아이는 집중력이 없고 너무 산만해요. 오죽하면 병원에 데려가 ADHD(주의력결핍, 과잉행동장애) 검사를 받아봤겠어요. 그런데 희한한 것은…."

희한한 것은 게임할 때만큼은 바로 옆에서 불이 나도 모를 정도로 집중력을 발휘한다는 것이다. 이쯤 되면 엄마들은 앞을 다투어 한마디씩 한다.

"맞아요. 그 무시무시한 집중력으로 공부한다면 반에서 1등이 뭐예요, 전교 1등을 하고도 남았을 거예요."

그 다음 이야기는 컴퓨터 게임 때문에 아이와 전쟁을 치르는 웃지 못할 에피소드들이다. 컴퓨터를 거실로 옮겨 비밀번호를 바꾼 지는 이미 오래고, 컴퓨터 사용 시간을 제한하고, 그것도 모자라 인터넷 선을 잘라버리는 건 예사다. 때로는 컴퓨터 선을 뽑아 가방 가득 채우고 출근을 하기도 한단다.

아이들은 왜 컴퓨터 게임에서 벗어나지 못하는 것일까?

전문가들은 소위 히키코모리(은둔형 외톨이)처럼 집 안에 틀어박혀 있기를 좋아하는 아이들, 우울이나 불안이 심한 아이들, 또 과도한 학업 스트레스를 받거나 부모와의 갈등이 심한 아이들이 게임에 빠지는 경우가 많다고 한다. 아예 프로게이머를 시키면 되지 않겠냐고 말하는 엄마도 있다. 그러나 대개 게임 중독과 게임 실력은 비례하지 않는다. 이런 아이들은 학교생활이나 공부 대신 게임이라는 가상현실로 도피했을 뿐, 실제로 게임을 잘하는 것과는 무관하기 때문이다.

실제로 게임 중독에 빠진 청소년들은 방과 후 PC방으로 직행하는 것은 보통이고 부모가 아침에 학교 정문까지 데리고 가 등교를 시켜도 어느새 틈을 타 PC방으로 내달린다. 시험 때는 문제를 읽어보지도 않고 한 번호만 찍어버리기도 한다. 그럴수록 부모와 자녀 간의 골은 더욱더 깊어지고 아이는 갈수록 인터넷과 게임에만 집착해 집 밖을 전전하게 된다.

사실 초등학교 아이들이 컴퓨터 게임을 즐기는 것은 하나의 놀이다. 호기심이 많고 승부 근성이 왕성한 아이들에게 게임만큼 즐거운 것은 없다. 그러나 엄마들은 아이가 컴퓨터만 켜면 게임에 빠져들 것이라고 걱정을 한다. 그래서 엄마와 자녀 사이에 인터넷 게임 시간에 대한 인식은 늘 두배 이상 차이가 난다. 엄마는 처음 컴퓨터를 켜서 끄는 시간까지를 인터넷 게임 시간으로 간주하는 반면, 아이들은 웹 서핑이나 기타 메신저 등을 제외한 오직 게임을 한 시간만을 주장하기 때문이다.

한국정보화진흥원이 발표한 '2009년 인터넷 중독실태 조사' 결과에 따르면 인터넷 중독자 191만 3,000명 가운데 아동·청소년이 93만 8,000명 (49%)에 달한다고 한다. 우리나라 인터넷 중독자의 절반 가까이가 아동·청소년이라는 얘기다. 특히 고위험 사용자의 경우 성인·청소년과 달리 초등학생만이 유일하게 증가했다고 한다. 스트레스와 불안이 심하고 공부에 대한 동기가 적고 반항심이 많은 아이들은 쉽게 인터넷 게임에 빠져든다. 만약 아이가 지나치게 인터넷 게임에 빠져 있다면 반드시 근본적인 문제를 찾아 해결해야 한다.

아이에게 무조건 게임을 하지 못하게 하고 시간만 체크할 것이 아니라 같이 게임을 즐기는 것도 좋은 방법이다. 개인적으로 아이가 게임을 할 때 옆에서 응원을 하기도 하고, 번갈아가며 할 수 있는 게임을 즐기기도 했다. 아이가 이기면 "대단하다, 프로게이머도 울고 가겠는걸"이라며 치켜세워 주었고, 반대로 져서 속상해하거나 화가 나 있으면 "이건 게임이야. 다음에 이기면 되지", "속상하겠다. 한 번 더 해볼래?"하고 북돋워주었다. 토요일

밤은 밤새도록 게임을 해도 좋다고 허락해주기도 했다. 그러나 지켜보는 사람이 없자 흥이 나지 않는지 이내 잠자리에 들었다. 지나치게 컴퓨터 게임에 탐닉하는 아이가 걱정스러웠지만 '이것도 하나의 과정이다' 생각하고, 대신 아이가 무작정 빠져들지 않도록 관심을 가져주었다. 그랬더니 스스로 시간을 정해놓고 게임을 즐기는 습관을 갖게 되었다.

특히 남자 아이는 여자 아이에 비해 승부 근성이 강하기 때문에 게임에 열광한다. 따라서 인터넷 게임에만 집착하지 않도록 가족이 함께 즐길 수 있는 게임을 개발하는 것도 좋다. 우리 가족은 카드놀이를 자주 즐겼다. 아이는 "엄마는 그것도 몰라?"라며 놀렸고 나는 "벌써 그런 것도 알아?"라고 대꾸했다. 그러면서 아이는 조금씩 컴퓨터 게임에 흥미를 잃어갔다.

아이와 함께 게임을 즐겨보자. 머리를 써서 상대의 허를 찌르거나, 서로 밀고 당기면서 승부 근성을 발휘할 수 있는 놀이를 찾아보자. 소심하고 개인적이었던 아이가 진취적이고 사교성 있는 아이로 변할 것이다.

논리적인 사고를 기르는 책 읽기

토론 교육은 언제 시작하는 것이 좋을까?

일상생활 속에서 아이가 요구 사항이나 의견을 말할 때가 토론 교육을 할 수 있는 좋은 기회다. 요구 하는 이유가 무엇인지 설명하고 부모를 설득하게 하면 자연스레 논리를 깨닫게 된다. 자신이 겪은 일, 들은 일을 근거로 합당한 이유를 설명하게 하면 점차 요구 사항을 논리적으로 밝히게 된다. 이때 아이가 논리적이지 못하다면 함께 책을 읽고 토론하는 습관을 들여 보자.

개인적으로 한 달에 한 번 모임을 갖는 '상상나래 독서모임'의 엄마들은 동화를 읽고 토론을 한다. 아이들과 책을 읽고 토론하는 엄마가 되기 위해서 엄마들끼리 먼저 책을 읽고 토론하는 것이 목적이다. 이 모임의 엄마들은 아이와 함께 책을 읽고 느낀 점이나 등장인물에 대해 자신의 의견을 말해보도록 하는 것은 기본이고 아이에게 이야기의 흐름을 바꿔보게 한다든지, 결말 부분을 다시 쓰도록 하는 등 책의 내용을 응용하여 전혀 다른 이야기를 만들어내기도 한다.

아이들이 힘들어하면 엄마는 먼저 상황을 제시하고 이야기를 나눈다. "예를 들어 두 주인공이 시냇가로 소풍을 갔어. 무얼 하고 놀면 신날까?"라고 상황을 제시하면 아이는 그 입장이 되어 무얼 할지 이야기를 만들어가는 식이다. 이렇게 엄마와 대화하면서 자연스럽게 토론하는 법을 배우게 된다.

자녀가 자랄수록 아이와 이야기를 나누는 것이 점점 더 어려워진다고 호소하는 부모가 많다. 어렸을 때는 책을 읽어주고 궁금한 것에 대답해주는 것만으로도 쉽게 대화를 나눌 수 있지만, 아이들이 자신의 생각을 표현하기 시작하면서 엄마들은 아이들의 요구에 맞춰 대화하기가 쉽지 않다. 또 막상 마주 앉아 대화를 시작하려고 해도 이렇다 할 화제가 없어 일상적인 질문에 그치고 결국 잔소리로 끝을 맺는다. 이것은 부모가 아이와 대화나 토론을 할 수 있는 훈련이 돼 있지 못하기 때문이다.

아이와의 토론은 함께 책을 읽고 내용에 대해 대화를 나누는 것부터 시작하는 것이 좋다. 이때 책은 반드시 함께 읽어야 한다. 엄마가 이미 아는 내용이라고 건성으로 읽고 질문하거나 대답을 유도하면 아이는 올바른 토론 방법을 배우지 못한다.

대화와 토론의 시작은 듣는 것이다. 아무 말 없이 고개를 끄덕이면서 듣기만 해도 좋다. 엄마가 이야기를 들어주는 것만으로도 아이는 자신이 사랑받고 있다고 느껴 마음을 열게 된다. 그러나 더 적극적인 모습은 아이가 자신의 의견을 말할 때 "그랬구나" 하며 고개를 끄덕이고 마는 것보다는 아이가 한 말의 마지막 부분을 반복하는 것이 좋다. 그러면 아이는 더욱 신이 나서 다음 이야기를 이어갈 것이다.

대화 경험이 많은 엄마는 "그래? 정말?", "우아, 진짜?"라며 타이밍에 맞추어 맞장구를 쳐준다. 흔히 아이가 말주변이 없다고 말하는 엄마들을 살펴보면 듣는 능력에 문제가 있는 경우가 많다.

아이의 의견이나 주장이 중간에 좀 이상하다는 생각이 들어도 일단은 참고 끝까지 들어주어야 한다. "그게 아니라 이거 아니니?"라는 말이 하고 싶어도 아이의 이야기에 수긍하면서 끝까지 잘 듣고 아이의 의견과 주장을 받아들이는 것이 중요하다. 먼저 부모가 아이의 말을 끝까지 들어주고 의견을 존중하는 모습을 보이면 아이도 금세 토론의 규칙을 이해하게 될 것이다.

토론을 할 때는 다른 사람의 이야기를 경청하는 자세를 갖게 해, 말을 하는 것보다 잘 듣는 것이 더 중요하다는 것을 가르쳐야 한다. 자기주장이 강한 아이는 대화를 독점하거나 다른 아이의 말을 가로막으려고 한다. 말을 하는 도중에 아이가 불쑥 끼어들거나 감정적으로 대응하면 토론을 중단하고 규칙을 알려주는 것이 필요하다. 토론이 끝난 뒤에는 책의 내용과 대화와 토론의 요점을 짧게라도 적어보게 하는 것이 좋다. 토론이란 누군가가 이기고 지는 싸움이 아니라 서로의 입장을 이해하는 중요한 방법이라는 것을 깨닫게 해줘야 한다.

책을 읽고 난 뒤 다른 사람과 의견을 나누면서 자신의 생각과 비교해보는 과정은 꼭 필요하다. 책 속의 내용을 나의 이야기로 느끼고, 이것을 어떻게 받아들일 것인가 고민해보는 과정이 있어야 한다. 그래야만 자신만의 독단에 빠지지 않는다.

독서를 많이 한다고 해서 그것이 바로 듣기나 말하기 등의 능력으로 이어지는 것은 아니다. 아이들 중에는 생각은 있는데 논리적으로 표현하는 것이 잘 안 되는 경우도 많다. 토론이라고 해서 너무 형식에 얽매이지 말고 아이의 수준에 맞춰 엄마가 적절히 대응하면 된다. 아이들이 처음부터 토론을 잘할 수는 없다. 비록 서툴더라도 열심히 반복하다보면 나중에는 다른 사람의 의견을 듣고 이해하는 능력이 저절로 길러져 자신의 생각을 조리 있게 말하고 정리하는 습관이 생긴다.

독서교육에 정답은 없다. 다만 자녀의 재능과 적성에 따라 읽을 책의 분야와 난이도를 달리하고, 토론 역시 아이가 자신의 생각을 주장하고 설득할 수 있도록 격려해주는 것이 중요하다. 아이들은 이 교육을 통해 자신의 생각을 정립하고 다른 사람과 소통하는 법을 배울 것이다. 바로 이것이 엄마, 아빠가 자녀와 함께 독서토론을 해야 하는 이유다.

어휘력을 기르는 신문 보기

워렌 버핏은 자신의 회사인 버크셔 해서웨이 주총에서 주주들과의 대화 도중 필라델피아에서 온 한 소년으로부터 질문을 받았다.

"세상에는 우리가 꼭 알아야 할 것이 많다고 생각합니다. 하지만 학교에서는 다 가르쳐주지 않습니다. 어떻게 하면 그런 것들을 알 수 있을까요?"

버핏이 대답했다.

"신문을 읽으면 세계가 어떻게 돌아가는지 이해하는 데 도움이 된단다. 신문을 읽다보면 어느 시점에 경제 뉴스든 스포츠든 관심 가는 분야가 생기게 마련이야. 그리고 더 많이 알수록 더 배우고 싶어질 거야."

실제로 워렌 버핏 자신도 하루의 3분의 1을 각종 서적과 투자 관련 자료, 신문과 잡지를 읽는 데 할애하고 있다. 세상은 끊임없이 변하고, 변화하는 세상을 이해하기 위해서는 정치, 경제, 사회, 문화 등 다방면에 걸쳐 풍부한 정보를 담고 있는 신문을 읽는 것이 좋다.

중·고등학교 시절, 부모의 속을 썩였던 케네디는 공부보다 야구, 아이스하키, 스쿼시, 축구 등 스포츠에 더 흥미가 있었다. 씀씀이도 헤프고 정리정돈도 늘 엉망이었다. 하지만 교장 선생님은 케네디가 명민하고 개성이 뚜렷한 학생으로서 세상을 바라보는 독자적인 관점이 있으며 기지 넘치는 표현을 구사하는 재능을 가졌다고 칭찬했다. 비록 부모의 속을 썩이고는 있지만 결국에는 모범생들에 비해 더 흥미 있고 더 보람된 성과를 얻게 될 거라고 예측했다.

또 교장 선생님은 "언뜻 보기에는 공부가 뒷전인 건 분명한데 세상사에 관한 소식통으로는 자기 학년에서 케네디를 따라갈 사람이 없다"고 말했다. 케네디의 비결은 〈뉴욕타임스〉였다. 그는 열다섯 살 때부터 〈뉴욕타임스〉를 정기 구독했다.

케네디의 어머니 로즈 여사는 게시판을 이용해 신문에서 좋은 글을 오려 아이들의 눈에 잘 띄는 곳에 붙여놓고, 식사 시간이 되면 아홉 명의 자녀에게 그 기사에 대해 질문하고, 토론하도록 이끌었다. 이때 엄마는 토론에 참여하지 않고 토론이 잡답으로 흐르거나 끊길 때 질문을 하거나 한마디씩 던져서 대화가 이어지도록 유도하는 역할을 했다. 케네디가 토론과 연설의 달인이 될 수 있었던 것은 신문을 이용한 어머니의 가르침에서 비롯되었다.

어른들 중에는 "신문이 정말 그렇게 도움이 될까?"라고 의구심을 갖는 사람들도 있다. 또 "아이들이 신문을 읽고 이해하는 것이 가능하냐?"고 묻는 사람도 있다. 그에 대한 대답은 "도움이 많이 되고, 얼마든지 읽고 이해할 수 있으며 더 나아가 스크랩까지 가능해요"다. 신문은 독자 중심의 글쓰기를 지향하고 있어 초등학교 학생들도 읽을 수 있도록 쉽게 되어 있다. 또한 육하원칙에 맞춰 기사를 쓰기 때문에 완벽한 문장을 접할 수 있고, 정확한 정보를 알 수 있다.

신문을 읽으면 사람과 사회의 흐름, 시대의 변화를 발견하고 관찰할 수 있기 때문에 학습 효과가 크다. 한 연구에 따르면 신문을 잘 활용하는 학생은 수학이나 과학, 사회, 언어, 글쓰기에서 우위를 보이는 것으로 나타났다. 신문을 계속 읽으면 문장과 단어 실력이 향상되는 것은 물론이고 문법과 띄어쓰기 능력도 키울 수 있다. 특히 경제나 과학 등 전문용어를 많이 알게 되기 때문에 어휘력도 좋아진다. 일기 주제가 마땅치 않은 날에는 신문을 활용해 일기를 쓰면 아주 독창적인 일기가 탄생한다. 기사를 오려서 일기장에 붙이고 밑에 느낌을 쓰면 완성이다.

아이들이 신문을 읽는 방법은 처음부터 끝까지 모두 꼼꼼히 읽는 것은 아니다. 어른이 어른의 눈높이에 맞는 기사를 골라 읽듯이 아이들도 자신들의

관심사를 좇아 기사를 골라 읽을 줄 안다. 아이들에게 신문을 주며 읽으라
고 하면 제목을 쭉 훑어보다가 관심이 가는 기사만 골라서 본다. 음악에 관
심이 있는 아이는 음악과 관련된 것을 유심히 읽을 것이고, 문학가가 꿈인
아이는 책을 소개하는 코너에 오랜 시간 눈길이 머무를 것이다.

신문 스크랩을 할 때에는 가장 먼저 아이의 관심이나 눈높이에 맞는 기사
를 고르게 한다. 이때 엄마가 도와주지 말고 아이가 고르도록 해 자신만의
관점을 키우도록 한다. 그다음 발표력을 키울 수 있도록 소리 내어 읽게 한
다. 마지막으로는 자신의 생각을 담아 간략하게 느낀 점을 쓰게 하여 표현
력을 기르도록 한다. 아이가 이런 절차를 싫어한다면 직접 마음에 드는 기
사를 오리고 붙여서 모아두는 방법도 좋다.

개인적으로는 아들의 논술을 신문으로 준비했다. 아이가 기숙사 생활을
하고 있었기 때문에 내가 직접 보여주고 싶은 기사를 골라 스크랩해두었다
가 전해주곤 했다. 사설과 아이의 주요 관심사는 빼놓지 않고 스크랩했다.
처음엔 사설이 딱딱하다고 싫어했지만 지나고 보니 문장력을 키우는 데 많
은 도움이 되었다고 말한다.

중요한 것은 억지로 시켜서도, 단기간의 효과를 기대해서도 안 된다는 점
이다. 스크랩 작업은 장기적인 노력과 시간을 투자해야만 결과를 얻을 수
있다. 매일 20~30분씩 시간을 정하여 신문을 읽게 하되, 혼자서 하도록 내
버려두지 말고 엄마가 지속적인 관심을 가지고 습관으로 굳혀주어야 한다.

신문은 세상을 보는 창문이다. 세상사에 대해 자신만의 관점과 비판적인 시각을 갖게 하는 데 신문만큼 좋은 소재는 없다.

사고력을 기르는 메모하기

모 TV 프로그램에서 코미디언 심형래씨가 출연해 고(故)이주일씨의 서툰 영어와 그림 솜씨 때문에, 일행 전체가 비행기를 놓치게 된 사연을 소개한 적이 있었다. 비행기가 떠난 지 한참 뒤에 공항에 나타난 이주일에게 왜 이렇게 늦었느냐고 묻자, "영어로 공항이 생각나지 않아 택시 기사에게 비행기를 그림으로 그려줬더니, 갈매기를 보고 싶어 하는 줄 알고 바다에 데려다 주더라"라고 대답했다고 한다. 일행들도 배꼽을 잡고 웃었겠지만 나도 턱이 아플 정도로 한참을 웃었다. 어떻게 그렸으면 미국 택시 기사가 비행기를 갈매기로 알았을까?

중·고등학교와 대학을 거치는 내내 영어공부를 치열하게 했다고 자부했던 나도 사회인이 되어 처음 외국인을 만났을 때는 앞이 캄캄해지고 식은땀이 났다. 같이 차를 마시고 밥을 먹자고 하는 간단한 말조차 무슨 외계어라도 되는 듯 버거웠다. 손짓 발짓도 자기 의사 표현에 적극적인 사람들이나 하는 거지, 부끄럼 많고 소극적인 나는 그것도 어려웠다. 하지만 내 영어회화 실력이 없어도, 손짓발짓을 하지 않아도 대화할 수 있는 방법이 있었다. 그림이었다.

그는 자기가 한국에 영어강사로 오게 된 과정을 간단한 단어를 붙여가며 그림으로 보여주었다. 교통사고가 나 척추를 다쳐 힘든 일을 할 수 없는 데 다, 평소 여행을 좋아하고 동양에 대한 관심이 있어 강사로 일하기 위해 왔 다는 내용이었다. 그런데 놀라운 것은 교통사고가 난 장면, 다친 부위가 인 체의 어느 부분이며 수술은 어떤 식으로 이루어졌는지 인체 해부학을 공부 한 사람처럼 상세하게 그려냈다는 점이다. 인체뿐만이 아니었다. 동물이면 동물, 식물이면 식물, 무엇을 그리든 금세 알아챌 수 있었다. 설계를 전공 했던 내가 무색해질 정도였으니까.

나는 아무래도 그가 화가 지망생이었거나 디자인에 관심이 많은 사람일 거라고 추측했다. 그러나 그 이후 만난 외국인들은 모두 그와 비슷했다. 그 들은 대화 도중에도 그림을 그려가며 설명하는 습관을 가지고 있었다. 나는 '그들의 유전자에 그런 능력이 있는 것일까?'라고 생각하며 신선한 충격을 받았다. 알고 보니 서구의 교육 방식 덕분이었다. 그들은 그림 공부를 중시 하고 있었다. 다른 건 다 못해도 좋으니 공부만 잘하면 만사 오케이인 우리 와 달랐다. 우리의 삶이 여유롭지 못한 이유가 여기에 있지 않나 생각한다. 그리는 것이 부족하니 예술작품을 보는 눈도 부족할 수밖에 없다.

한번은 연필로 그린 작품을 전시한 적이 있었다. 지인들은 연필로 그린 그림도 작품이 될 수 있다는 데 놀라는 눈치였다. 이렇게 말하는 엄마도 있었다.

"그림 잘 그리는 사람이 제일 부러워요. 우리 아이도 그림을 잘 그렸으면 좋겠는데, 저를 닮아서 그런지 영 신통치가 못해요."

우리나라 아이들은 표현력이 약하다. 감성이 풍부한 아이들조차도 그림으로 표현하라면 머뭇거린다. 학교 교육의 문제도 있겠지만 풍부한 표현이 생활화되어 있지 않다는 게 더 큰 문제다. 일상생활에서 이러한 능력을 길러주어야 한다. 아이들은 모두 가능성이 있어 어떻게 키워지는가에 따라 능력은 얼마든지 자란다.

아이에게 글로만 표현하게 하지 말고 그림으로도 표현할 수 있도록 해야 한다. 그러자면 잘 그려야 한다. 그렇다고 미술학원에게 맡길 수도 없는 노릇이다. 엄마가 일상생활에서 함께 하는 방법밖에 없다. 어렵다고 겁을 낼 필요는 없다. 여행을 하거나, 하다못해 잠깐 외출을 할 때도 수첩과 연필을 준비하도록 하자. 여행지에서 특별한 것을 보았다면 메모와 함께 그림을 곁들여두면 일기를 쓰거나 보고서를 작성할 때 도움이 된다. 사물을 있는 그대로 그리는 연습을 하다보면 나중에는 특징을 잡아 간단히 표현하는 능력도 저절로 길러진다. 연필은 아이들이 보통 사용하는 것도 상관없지만 더 굵은 연필을 구비하면 변화가 있어 흥미를 느낀다. 우리 아이는 목탄 연필로 그리기를 좋아했는데, 아무래도 도구가 다양할수록 호기심도 커지게 마련이다. 연필은 글씨를 쓸 때만 사용한다는 고정관념을 버리고 자유자재로 사용할 수 있게 하는 것이 그림 그리기의 기본이다.

얼마 전 평택시민아카데미에서 강연을 하는데 맨 앞자리에 앉은 여자아이가 나를 그리고 있었다. 강연이 끝나고 난 뒤, 그 그림을 선물로 받았다. 난 그림에 사인을 넣어달라고 주문했다. 아이는 또박또박 그리고 자랑스럽게 '윤선하'라고 써주었다. 강연에 아이와 함께 오는 모습도 좋았지만, 그림 도구를 항상 챙겨 다니게 하는 엄마의 자상함이 돋보였다.

메모하고 그리는 것을 일상화하면 분명 다른 아이들과 차별화된 사고, 창의력의 향상을 꾀할 수 있다. 성공한 사람들의 공통적인 습관은 메모다. 메모하고 그리는 작은 습관 하나가 아이의 인생을 바꿀 수도 있다는 점을 염두에 두자.

엄마들에게 가장 필요한 말

방학이 다가오면 엄마들은 한숨을 내쉬며 말한다.

"이제 꼼짝없이 저 녀석들에게 붙잡혔네!"

생각을 바꾸어보자.

"이제 함께할 시간이 많아졌으니 어떻게 하면 아이에게 유익한 시간을 가질 수 있을까?"로.

사랑하는 마음을 진솔하게 전하는 것이 자녀교육의 기본이다. 부모가 따뜻한 사랑을 충분히 주고 부모자식 간에 신뢰 관계가 확고하다면 자녀교육의 절반은 성공한 것이다. 엄마는 자녀가 스스로 하고 싶다는 생각이 들도록 분위기를 만들어주어야 한다. 그리고 부모 스스로 감사하며 즐겁게 생활하는 모습을 보여줌으로써, 자녀에게도 스스로 하고자 하는 마음을 불러일으킬 수 있다.

어릴 때부터 자신의 인생관을 갖도록 조언해주자. 자녀의 눈높이에서 세상을 바라볼 수 있도록 있는 그대로를 인정하고 무슨 일이든 열심히 한다면 칭찬해주고 뒷받침해주어야 한다. 그것이 자녀의 마음을 키워주는 가장 훌륭한 방법이다.

아이들은 모두 잘 갈고닦으면 빛을 내는 찬란한 보석과 같다. 아이만의 좋은 개성은 부모만이 잘 살릴 수 있다.

작가 이외수는 아이들이 학교에 가기 싫은 눈치를 보이면 담임선생님에게 "독감 때문에 아이를 쉬게 해야겠다"라는 전화를 건 다음 가족들을 데리고 바다로 도망가곤 했다고 한다. 그래도 아이들의 성적은 크게 떨어지지 않았고, 오히려 정서적으로 안정된 상태를 보이면서 건전한 사고방식을 가진 청소년으로 성장해주었단다.

그런데 어느 날, 다소 근심어린 표정으로 아이들이 아버지에게 묻더란다.

"아버지가 가르치시는 방식대로 이 세상을 살아가면 아무래도 경쟁에서 뒤떨어지지 않을까요?"

여기서 이외수는 기막힌 대답을 한다. 어쩌면 엄마로서 내가 그리고 이 책을 읽고 있을 엄마들에게 가장 필요한 말이 아닐까 싶다.

"너희들이 진실로 인간답게 살아가기 위해서는 만물을 남보다 사랑하는 경쟁에서만 뒤떨어지지 않으면 된다. 나머지 경쟁에서는 선수가 되려고 하지 말고 심판이 되려고 노력해라."